빨간내복야코

안 읽으면 완~~~전 위험한 과학책

4 학교 평화가 위기

빨간내복야코 원작
박종은 글
이영아 그림
홍승범 감수

위즈덤하우스

등장인물

야코

만화의 주인공으로 사동이의 사촌 형이다. 장난기가 많지만 과학 상식이 풍부해 각종 위기에 재빠르게 대처한다.

위기 대처

과학 상식

사동이

초등학생으로 만화의 또 다른 주인공이다. 강한 호기심과 탐구력으로 부족한 과학 상식을 조금씩 키워 나간다.

위기 대처

과학 상식

어머니

야코의 어머니이자 사동이의 이모다. 사동이를 무척 아껴서 가끔은 야코가 질투를 하기도 한다.

위기 대처

과학 상식

사동 패밀리 과학 탐구단

사동이의 친구들인 김순재, 토벤, 백설, 뿔콘치로 함께 과학 상식을 키운다.

위기 대처

과학 상식

양양

너무 다른 입맛 때문에 야코와 자주 옥신각신하지만 알고 보면 누구보다 좋은 친구 사이다.

위기 대처

과학 상식

하몽

친절한 성격에 아는 것도 많아 친구들의 일을 앞장서 해결하는 경우가 많다.

위기 대처

과학 상식

츄리

조용하고 무심해 보이지만 자신만의 방식으로 야코와 사동이, 친구들을 챙긴다.

위기 대처

과학 상식

원바

늘 웃고 있는 밝은 성격으로 먹는 것을 좋아해서 음식 때문에 여러 위기를 겪기도 한다.

위기 대처

과학 상식

차례

3장 학교 밖에서 만나는 특별한 위기

4장 야코 형 어렸을 적 유별난 위기

안 읽으면 완~전 위험한 과학책의 특징

1. 세상의 모든 위기 상황 총정리!!

어린이들이 일상에서 겪을 수 있는 30가지 위기 상황을 재미있는 만화로 담았어요. 위기 상황의 위험한 정도를 1~5단계로 표시했으니 참고해요! '야코의 맞춤 코치' 코너에서 위기 상황에 대처하는 방법도 배워 보세요.

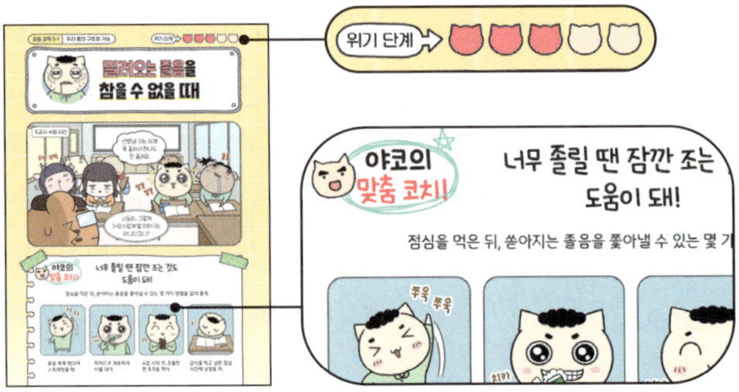

2. 과학 상식을 다채롭게 알려 주는 다섯 가지 코너!

다양한 지식을 보여 주는 '시시콜콜 잡학 사전'과 '한눈에 과학 편의점', 위기 속 과학 원리를 실험으로 풀어 주는 '야코네 실험실', 야코와 사동이의 이야기가 펼쳐지는 '과학 톡톡', '사동 패밀리 과학 탐구단' 까지! 다섯 가지 코너가 번갈아 가며 등장하니 지루할 틈 없이 과학 상식을 배울 수 있어요.

3. 야코와 함께 즐기는 과학 상식 퀴즈!

누적 조회 수 500만 뷰의 야코 영상을 보고, 노래를 듣고 따라 부르며 과학 상식 퀴즈도 풀어 보세요. 신나고 즐겁게 과학 상식을 쌓을 수 있어요!

교과 연계표

교과	학년	단원	단원 주제
과학	3학년 1학기	힘과 우리 생활	밀기와 당기기
			도구의 이용
		생물의 한살이	여러 가지 생물의 한살이
	3학년 2학기	물체와 물질	물질의 성질
			서로 다른 물질을 섞을 때의 변화
		소리의 성질	소리의 전달
	4학년 1학기	물의 상태 변화	물의 상태 변화
		땅의 변화	흐르는 물의 작용, 강 주변 지형
		다양한 생물과 우리 생활	균류, 원생생물, 세균
	4학년 2학기	밤하늘 관찰	별과 별자리
		여러 가지 기체	일상생활에서 사용하는 기체
	5학년 1학기	빛의 성질	볼록 렌즈
		우리 몸의 구조와 기능	우리 몸속 기관의 생김새와 하는 일
			자극과 반응
	5학년 2학기	혼합물의 분리	혼합물의 분리
		열과 우리 생활	열의 이동
		날씨와 우리 생활	기압과 바람
	6학년 1학기	산과 염기	산성 용액과 염기성 용액의 성질
		물체의 운동	속력과 안전
		식물의 구조와 기능	열매의 생김새와 하는 일
	6학년 2학기	물질의 연소	소화

맛있어 찹쌀떡

1장

교실에서 일어나는 흔한 위기

오늘도 또 지각이야

사동아! 일어나! 학교 늦었어!
으아아악
벌떡
후다닥
사동아, 옷, 옷!
덥석
휘청
여기요!
툭
아빠, 학교 다녀올게요.
그래, 늦게 깨워서 미안.
다다다다
헉헉! 학교 왜 이렇게 멀어?
집 나온 지 10초 지남.
다다다다
앗!
쌩
킥보드 엄청 빠르네!
쉭
쉭
쉭

쌔앵
자전거도 엄청 빨라.
부웅
버스는 더 빠르잖아?
맞다, 택시가 제일 빠른데….
택시
부아앙
딩동 댕동
으악, 수업 시작한다!
헉헉
다다다
쌔애앵
어! 사동이다!
어디 가는 거지?
사동아~
사동아~ 여기~
바쁜데 왜 불러?
다다다다
조용히 조심조심….
드르륵
꼬물 꼬물
응?
슬금슬금
1교시 체육 (운동장으로)
힝, 1교시 체육이었어.

위기 단계

무슨 수를 써도 지각 당첨일 땐

야코의 맞춤 코치!

가족에게 도움을, 선생님께는 연락을!

아침에 늦잠을 자는 바람에 아무리 애를 써도 학교에 지각할 게 뻔할 때! 초능력으로 순간 이동을 하지 않는 이상 도저히 제시간에 도착할 방법이 없을 때! 그때는 어떻게 하는 게 좋을까?

가장 중요한 건 혼자 해결하려 하기보다 가족에게 도움을 청하는 거야. 최대한 빨리 집을 떠나 학교로 갈 방법을 함께 찾아보는 거지. 그런 다음 담임 선생님에게 연락해서 학교에 늦을 것 같다고 말씀드리자. 이때, 늦는 이유와 학교에 도착할 예상 시간을 말씀드리는 게 좋겠지. 그리고 최대한 빠르게 준비를 하고 집을 나서서 안전하게 학교에 도착하면 위기 탈출 성공!

☆ 야코랑 사동이의 과학 톡톡 ☆

형! 학교 근처에서 자주 보이는 노란 표지판 말이야.
거기 빨간 동그라미 안 숫자 30은 뭘 나타내는 거야?

아! 그건 시속 30킬로미터 이하로 자동차의 속도를 줄여야 한다는 표시야.

시속 30킬로미터? 그게 뭐야?

시간에 따라 물체의 위치가 변할 때 물체가 운동한다고 해.
물체의 운동은 물체가 운동하는 데 걸린 시간과 이동 거리로 나타내지.
시속 30킬로미터는 한 시간 동안 30킬로미터의 거리를 이동한다는 뜻이야.

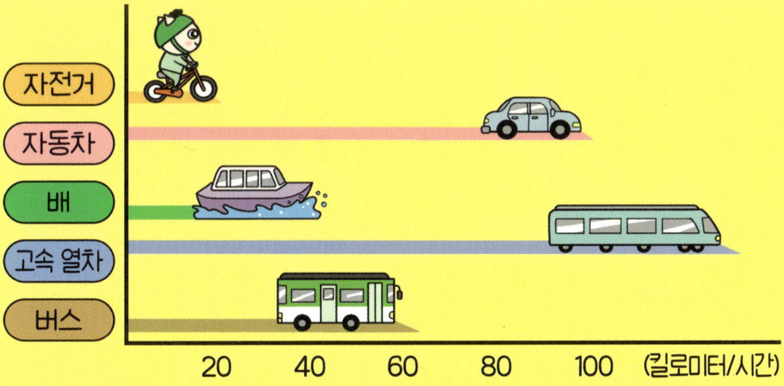

위쪽 표는 한 시간 동안 여러 교통 수단이 이동한 거리를 나타낸 거야.
한 시간 동안 보통 자전거는 약 20킬로미터를, 버스는 약 60킬로미터를
이동하지. 이럴 때 자전거는 시속 약 20킬로미터의 속도로 운동한다고
하는 거야. 같은 시간에 많이 이동할수록 속도가 빠르지.

아! 이제 알겠다. 학교 앞에서 자동차들이
느릿느릿한 게 다 이유가 있었어.

꼬르륵 소리가 너무 창피해

침울
톡 톡 톡
← 야코 형
형! 나 오늘 늦잠 자서 아침 굶었더니 뱃속에서 천둥소리가 나.
나 너무 창피해.
톡 톡 톡
야코야~ 나와서 밥 먹어.
하하, 별게 다 창피하네.
응? 뭐가?
사동이 배에서 계속 꼬르륵 소리가 난대요. 아침을 못 먹었다나 봐요.
등
툭
쌩
어머니, 밥은 제가 주워… 아니, 차려 먹겠습니다.
훌쩍
내 밥….
등
맛있어 찹쌀떡
사동아, 이모가 간다. 기다려!
다 다 다 다 다

뱃속에서 꼬르륵 소리가 끊이지 않을 때

야코의 맞춤 코치!

허리를 곧게 펴고 배에 힘을 꽉 줘!

음식을 먹은 후 한참이 지나 위가 비어 있을 때는 위 안에 있는 공기나 액체 등이 움직이면서 꼬르륵 소리가 나기도 해. 이건 자연스러운 일로 절대 부끄러운 일은 아니야. 만약 지금 배에서 나는 꼬르륵 소리를 당장 멈추고 싶다면 이렇게 해 보자.

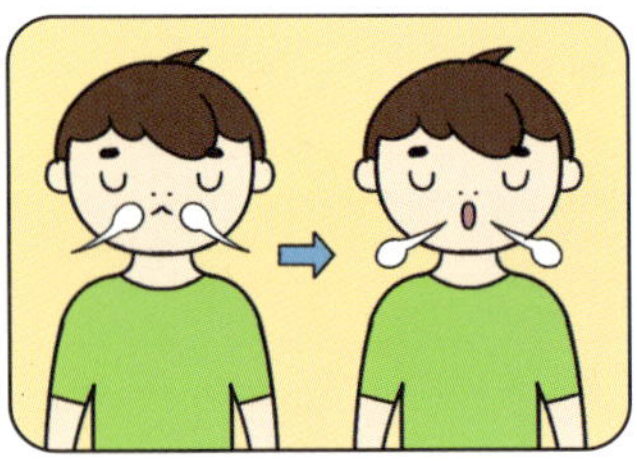

숨을 깊게 들이마시고 천천히 내쉬어.

허리를 곧게 펴고 배에 힘을 줘.

물 한 컵을 천천히 마셔.

한눈에 과학 편의점

형, 떡을 먹었더니
꼬르륵 소리가 안 나.

음식이 몸 안에 들어왔기 때문이야.
음식이 우리 몸에서 어떻게
소화되는지 알아볼까?

우리 몸의 소화 과정

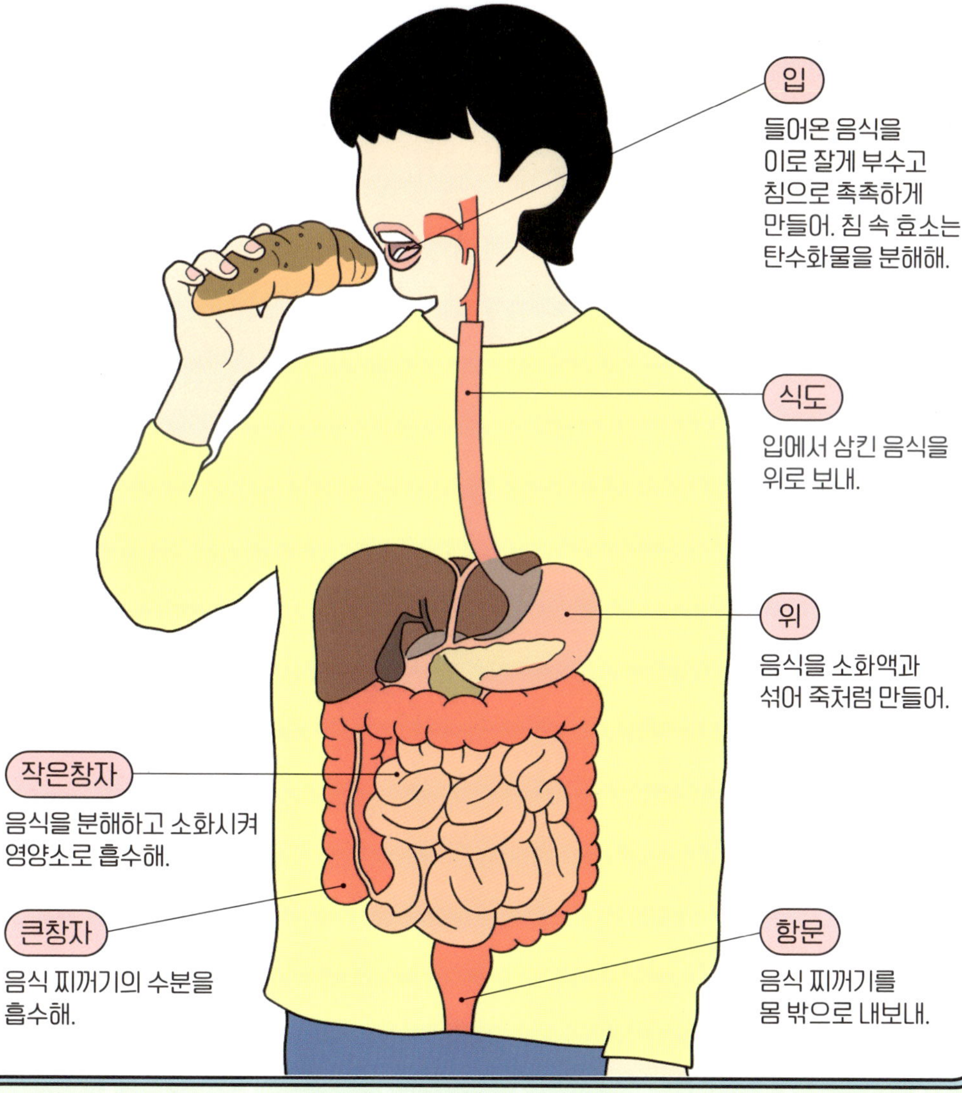

졸음아, 물러가라!

자, 설명 끝!
다음 시간에 쪽지
시험 볼 거다.
탁탁
쿨~
어?
꾸벅
꾸벅
쿵
사동아, 졸리면 딱밤
한 대 때려 줄까?
소곤소곤
부릅
아니, 괜찮아!
스르륵
어쩌지?
너무 졸려.
어떡해서든
졸음을
쫓아야 해.
꼬집!
허벅지를
꼬집어 보자.
악, 아파!
톡
머리카락을
뽑아 보자.
눈을 집게로
고정시켜!
부들
부들
핑
핑
아야!
헉

찬물로 세수하면
졸음이 달아날 거야.
화장실
잠이
확 깨네!
화장실
벌컥
잠이
확 깨네
휘리릭
졸
려
서 있으면
안 졸리겠지?
부릅
이런….
꾸벅
꾸벅
쿵
졸려.
헉
우아,
대단해.
사동이
잠든 거야?
와~
딩동 댕동
점심시간이니
모두 급식실로….
와~아~아~
우당탕탕
번쩍
뭐?
점심시간?
얘들아, 같이 가!
다다다다

밀려오는 졸음을 참을 수 없을 때

야코의 맞춤 코치!

너무 졸릴 땐 잠깐 조는 것도 도움이 돼!

점심을 먹은 뒤, 쏟아지는 졸음을 쫓아낼 수 있는 몇 가지 방법을 알려 줄게.

몸을 쭉쭉 뻗으며 스트레칭을 해.

치약으로 개운하게 이를 닦아.

수업 시작 전, 초콜릿 한 조각을 먹어.

급식을 먹고 남은 점심 시간에 낮잠을 자.

졸음을 쫓는 과학적인 방법

난 친구들과 빛의 속도로 점심을 먹고 운동장에 나가 신나게 축구를 했지. 그런 뒤, 교실로 들어오자 곧바로 5교시 국어 수업이 시작됐어. 배부르게 먹고 운동까지 한 다음 책상에 앉자 졸음이 쏟아졌지.

"얘들아, 졸면 안 돼. 잠에서 깨자!"

선생님이 같은 말을 몇 번이나 반복하셨는지 몰라.

"안 되겠다. 다들 연필 놓고 허리를 의자 뒤에 붙여. 이제 목을 뒤로 살짝 젖혀서 턱을 올린 자세로 눈을 크게 뜨고 천장을 올려다봐."

선생님 말씀대로 하자 신기한 일이 벌어졌어. 나른하고 졸린 느낌이 사라진 거야!

"선생님이 미국 스탠퍼드 대학의 앤드류 후버만이라는 뇌 과학자가 쓴 글을 봤는데, 지금 너희들이 한 자세가 뇌를 깨어나게 해서 졸음을 쫓는대."

"우아! 선생님 대단해요!"

우리가 신기해하자 선생님은 한 가지 더 알려 주셨어.

"자, 모두 책을 얼굴 높이로 들자."

우리는 수업을 마칠 때까지 책을 들고 수업을 해야 했어. 고개를 내릴 수도 없었지. 수업이 끝날 때까지 아무도 졸지 않았어. 아마 다들 팔이 아파서 졸 틈이 없었던 것 같아.

칠판 글씨가 안 보여

선생님,
안녕하세요.
꾸벅
사동아, 오늘부터 한 달 동안 앉을 자리란다.
우아!
김순재 사동 토벤
뿔콘치 백설 유주
맨 뒷자리라 너무 좋다. 그치?
속닥 속닥
크크크
43-25
=40-25+3
=15+3
=18
31-13
=30-13+1
슥슥
슥슥
끄응
읍!
부르릅

사동아,
왜 그래? 졸려?
아니,
칠판 글씨가
잘 안 보여.
쭈욱
쭈욱
순재야, 안경 좀
빌려줄래?
그래.
앗,
어지러워….
빙글
빙글
빙글
이래도 안 보여.
이것도 아니야!
이래도 안 돼!
척
방법은
하나뿐이야!
그럼
이제….
부릅
으아아아
사동아,
여기서 뭐 하니?
헤헤
펄쩍
칠판 글씨가
잘 안 보여서요.

위기 단계

시력이 나빠져서 칠판 글씨가 잘 안 보일 때

야코의 맞춤 코치!

시력 검사를 하고 눈에 맞는 안경을 맞추자!

먼저 선생님께 말씀드리고 가능하면 자리를 앞으로 옮기자. 그런 다음 안과나 안경점에 가서 시력 검사를 하고 내 눈에 맞게 안경을 맞춰야 해. 다음과 같이 평소에도 눈 건강을 챙기면 더욱 좋겠지!

틈틈이 먼 곳을 보며 눈의 피로를 풀어 줘.

눈에 좋은 비타민 A, C, E가 많은 음식을 먹어.

푹 자고 잘 쉬어서 눈의 피로를 없애.

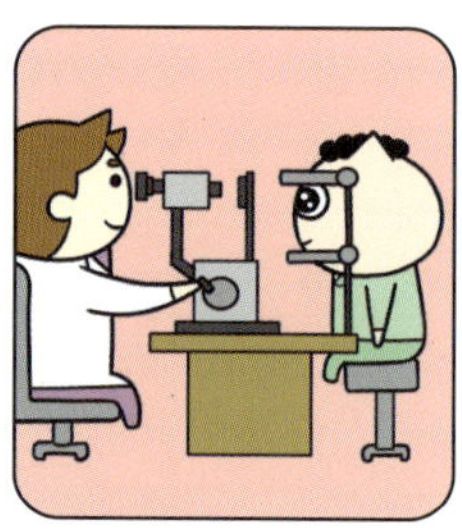

정기적으로 안과에 가서 검진을 받아.

☆ 야코랑 사동이의 과학 톡톡 ☆

형, 나 병원 갔다 왔어.

응, 안과에서 뭐래?

내가 근시라는데 근시가 뭐야?
난 그냥 칠판 글씨가 잘 안 보였을 뿐인데….

바로 그게 근시야. 멀리 있는 글자나 물체가 흐릿하게 잘 보이지 않는 거. 반대로 원시는 가까이 있는 게 잘 보이지 않는 거야.

우리가 물체를 볼 수 있는 건 빛이 물체에서 반사되어 우리 눈으로 들어오기 때문이거든. 글자나 물체가 또렷이 보이려면 빛이 눈의 가장 안쪽에 있는 망막에 정확히 상을 맺어야 해. 그런데 근시는 망막 앞에 상이 맺혀. 그래서 오목 렌즈를 이용해 상의 위치를 뒤로 당기지. 반대로 원시는 망막 뒤에 상이 맺히는 거야. 이때는 볼록 렌즈로 상을 앞으로 당겨서 물체가 또렷이 보이게 하지.

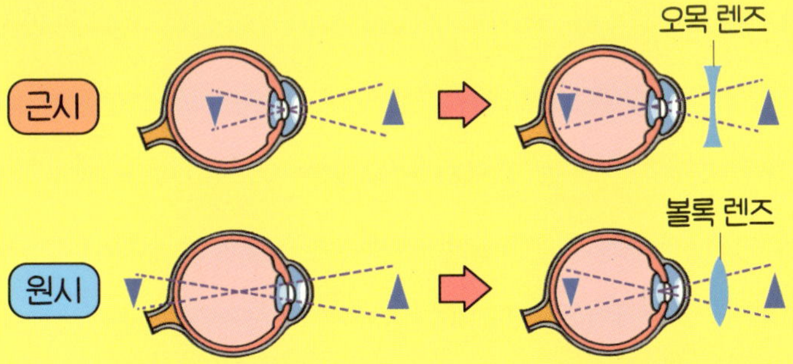

아, 그렇구나. 근데 형, 안경을 못 써서 아쉬워.
안경을 쓰면 아주 똑똑해 보일 텐데 말이야.

발표 시간만 되면 심장이 콩닥거려

자, 여기 시소가 수평을 이뤘죠? 중심축에 가까운 포도가 바나나보다 더 무거운 거예요.
4 3 2 1 0 1 2 3 4 5
자, 그럼 이번엔 발표를 해 볼까요?
벌벌벌
소곤소곤
김순재, 큰일 났어. 나 심장이 너무 빨리 뛰어.
왜? 형이랑 이모가 와서 그래?
모르겠어. 식은땀도 나고 눈앞이 캄캄해.
깜깜
사동이! 사동이가 발표해 볼까?
콰르릉
사동아, 네가 형이랑 시소를 탈 때 누가 앞에 앉는 게 좋을까?
부들부들
벌벌
그게 그러니까….
저희 형은 보기보다 가벼워요. 또 시소 놀이는 시시하다고 안 해 줘요. 그래도 궁금하시다면 이따 운동장 시소에 앉아 보여 드릴게요.
으하하하
하하하하

발표 시간만 되면 긴장해서 실수할 때

야코의 맞춤 코치!

긴장을 풀고 다시 차분하게 발표를 해 보자!

긴장을 어떻게 푸냐고? 다음과 같은 방법을 써 보자.

숨을 깊이 들이마시고 내쉬기를 반복해.

스트레칭으로 몸의 긴장을 풀어.

핫팩으로 체온을 올리면 몸의 긴장도 풀려.

실수해도 괜찮아! 마음을 편안히 가져.

시시콜콜 잡학 사전

자극과 반응

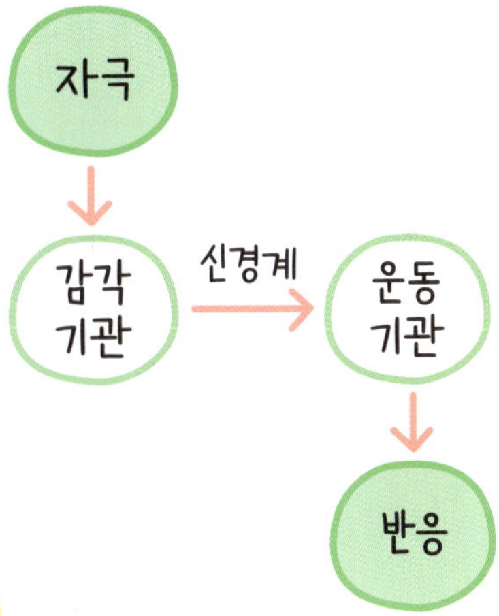

자극과 반응

감각 기관에 작용하여 반응을 일으키는 일을 자극이라고 해. 반응은 외부 자극에 대해 어떤 현상이 일어나는 것을 말하지. 발표 수업 때문에 사동이가 느낀 긴장감이 자극이고, 긴장한 사동이의 심장이 빨리 뛰면서 식은땀이 난 게 반응이야.

자극을 전달하고 반응하는 신경계

눈, 코, 입, 귀, 피부 등과 같이 우리 몸의 감각 기관을 통해 받아들여진 여러 자극은 손끝, 발끝, 머리끝 등에 퍼져 있는 말초 신경계를 통해 중추 신경계로 전달돼. 중추 신경계인 뇌가 자극에 필요한 명령을 내리면 말초 신경계를 통해 우리 몸의 운동 기관인 뼈와 근육으로 전달되지.

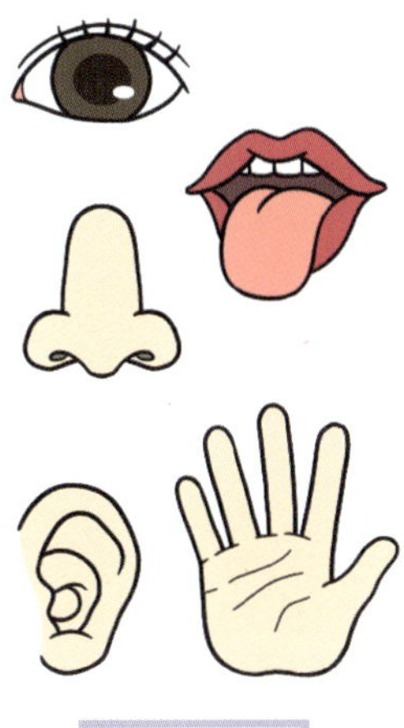

감각 기관

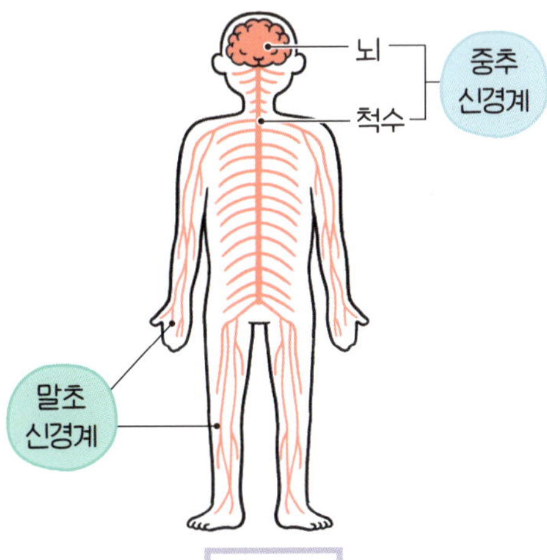

신경계

우유를 먹으면 배가 아파

딩동 댕동
딩동 댕동
와! 1교시 끝났다.
야호~
잠깐! 모두 자리에 앉자. 우유 배식을 받아야지.
주저 주저
?
유주야, 왜 그래? 우유 먹기 싫어?
그런 게 아니라….
난 우유만 먹으면 배가 아프거든.
정말?

터벅 터벅
자, 지금 모두
우유를 먹도록! 남겼다가
쏟지 말고~.
네~에
꿀꺽 꿀꺽
2교시
아직은
괜찮아 보여.
3교시
어쩌지!? 유주가
배가 아픈가 봐.
헉
벌떡
선생님! 유주가
우유를 마셔서 배가
아프대요. 제가 보건실에
데려다 줄게요.
사동아, 너 설마
수학 시간이 싫어서
그러는 건 아니지!?
아니에요!
획획 획
크크
킥킥

우유를 먹고 배가 아플 때

야코의 맞춤 코치!

배가 나아지도록 몸을 돌보자!

유당 불내증은 우유에 들어 있는 유당을 소화시키는 락타아제라는 소화 효소가 부족해서 생겨. 우유를 먹으면 배에 부글부글 가스가 차고 설사가 나오지. 그럴 때는 이렇게 해 봐!

보건실로 가서 잠깐 휴식을 취해.

따뜻한 물을 마셔서 속을 달래.

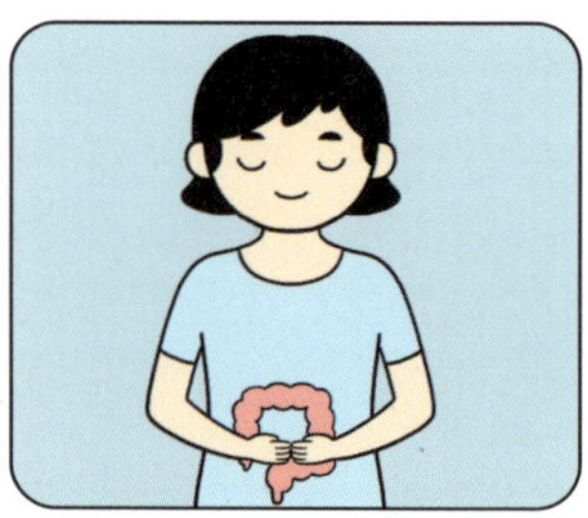

배를 마사지하면 소화에 도움이 돼.

한눈에 과학 편의점

형, 우유가 너무 맛있는데, 먹을 때마다 배가 아프면 어떻게 해?

배 안 아프게 먹는 방법이 있지!

우유를 먹어도 배가 아프지 않는 방법

락토 프리 우유 먹기

락토 프리 우유는 유당이 없어서 배가 아프지 않아.

우유를 다른 음식과 함께 먹기

우유가 작은창자에서 머무는 시간이 늘어나 소화가 쉬워져.

따뜻하게 데운 우유 먹기

따뜻한 우유는 위에서 덩어리져서 천천히 소화돼.

우유를 조금씩 자주 마시기

창자 속 미생물이 우유에 적응해 점점 배가 덜 아파져.

유당 소화를 돕는 약 먹기

부족한 유당 소화 효소를 약으로 채우는 거야.

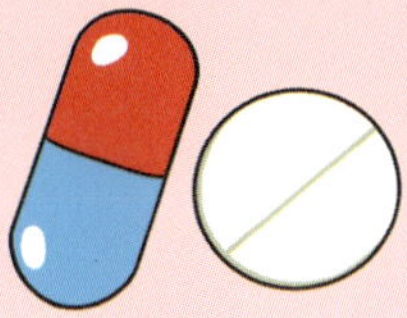

치즈나 요구르트 먹기

우유를 발효시킨 치즈나 요구르트는 유당이 적어.

쓰레기통에 곰팡이가 가득해!

안 되겠다.
얼른 문 닫자.
음~
어디로 갈까?
구석구석
숨자!
탁
뭐니 뭐니 해도
쓰레기통이 최고지!
휴지통
난 에어컨이
좋아!
난 사물함 뒤 벽!
안녕!
어서 와!
반가워!
깔깔깔
신난다!
휘이잉
휘이잉
우헤헤
크크크
딩동 댕동
당번 누구니?
쓰레기통 좀 비우고
올래?
번쩍
저요.
다녀올게요!
어휴, 며칠이나
안 버린 거야?
으, 퀴퀴해.
휴지통
꺄아악
녹색
괴물이다!
휴지통
쌩
선생님, 쓰레기통에
곰팡이가 가득해요!
으윽-
냄새!
킥킥킥
까꿍
크크크
휴지통

장마철, 실내가 곰팡이로 가득 찼을 때

야코의 맞춤 코치!

습도를 낮춰 곰팡이를 없애자!

공기 중에 퍼진 곰팡이가 호흡을 통해 우리 몸에 들어오면 여러 병을 일으킬 수 있어. 곰팡이는 습기가 많은 곳에 생기니까, 습도를 낮추는 게 중요해.

창문을 자주 열어 환기를 해.

제습기, 선풍기와 에어컨을 틀어.

우산꽂이 밑에 고인 물을 버려.

습도를 조절하는 숯을 여기저기 놓아.

야코네 실험실

옷장이나 신발장에 두는 습기 제거제는
공기 중의 수분을 흡수해서 습도를 낮춰.
직접 습기 제거제를 만들어 그 원리를 알아보자!

습기 제거제 만들기

준비물: 염화 칼슘, 투명한 플라스틱 컵, 작은 플라스틱 컵, 거즈, 송곳, 한지, 고무줄

실험 방법

1. 송곳으로 작은 플라스틱 컵 바닥에 구멍을 여러 개 뚫어.

2. 작은 플라스틱 컵 안쪽에 거즈를 깔고 염화 칼슘을 넣어.

3. 투명한 플라스틱 컵에 작은 컵이 겹쳐지도록 넣어.

4. 컵 위를 한지로 감싼 뒤 고무줄로 감아.

5. 습기가 많은 곳에 두고 컵 바닥의 변화를 관찰해.

교실에서 일어나는 흔한 위기

야코와 함께 노래를

사동이가 졸음을 참으려고 애쓰고 있어. <교실에서 졸지 않는 방법> 노래를 따라 부르며 사동이가 졸음을 쫓아냈는지 알아보자. 졸음을 쫓는 방법에 대한 과학 상식 퀴즈도 잊지 마.

교실에서 졸지 않는 방법

허벅지 때려 때려. 뺨 때려 때려.

정수리 중앙의 머리카락 한 가닥 뽑아!

양쪽의 귀를 잡아당겨. (하아암) 큰일이네.

입술을 잡아당겨. 물 한 잔 마셔. 고개를 360도 딱 돌려.

눈을 부릅떠, 사륜안처럼. 이야아아아!

사동아 조니? 사동아 조니? 사동아 조니?

화장실 가서 세수하고 와도 교실 뒤편에 잠깐 서 있어도

뒤에서 친구가 잡아당겨도 난 졸려 죽겠어. 죄송해요, 선생님.

아이고, 졸려. 내가 졸면 등 때려 줘. 알았지? 안 통하네.
혹시 또 졸면 볼 당겨 줘. 알았지? 안 통하네.
엎드리면 안 돼. 이건 자신과의 싸움이야.
선생님이 나를 계속 주시하고 있어! 참아! 으으으으!
버텨! 아아아악! 으아아아아아아아! 후.
백설아 조니? 백설아 조니? 백설아 조니?
숨을 참고 1분 버텨 봐도 손목 팔 등을 스트레칭해도
등에다가 얼음을 넣는다 해도 난 졸려 죽겠어. 죄송해요, 선생님.

과학 상식 퀴즈

Q 졸음이 쏟아질 때는 어떻게 해야 할까? 아래의 보기 중에 잘못된 내용을 찾아 그 번호를 써 봐. (   )

① 몸을 쭉쭉 뻗으며 스트레칭을 해.

② 눈을 크게 뜨고 천장을 올려다봐.

③ 교실 뒤를 뛰어다니며 졸음을 쫓아.

④ 쉬는 시간이나 점심시간에 잠을 자.

↳ 정답은 144쪽에!

2장

학교에서 부딪친 뜻밖의 위기

으악! 최악의 반찬만 가득해!

헉
스윽
미역 줄기 볶음
으아악, 비상!
가지 나물
저 미역 줄기 볶음 싫어해요.
전 가지 나물 못 먹어요.
사삭
사사삭
뿔콘치, 뭐 해?
난 콩이 너무 싫어!
에이~ 편식하면 안 돼. 키 안 커.
텁
우웩
사동아, 왜 그래?
으악! 더러워
이거 코다리 강정이었어.
우웩! 이건 버섯 탕수야.
얘들아, 편식하면 키 안 커.
으흐흐흑
빙글
빙글
너무 슬퍼서 추는 춤

먹기 싫은 반찬 때문에 쫄쫄 굶게 생겼을 때

야코의 맞춤 코치!

싫어하던 음식도 다시 먹어 보면 괜찮을 수 있어!

편식을 하면 우리 몸에 필요한 영양소가 부족해지면서 면역력이 떨어져 아플 수도 있어. 싫어하는 반찬이 급식에 나왔다면 이렇게 해 볼까? 맛이 생각보다 나쁘지 않을 수도 있어!

친구와 즐겁게 이야기 나누며 먹기!

즉석 신메뉴 만들어 보기!

아주 조금이라도 먹어 보기!

시시콜콜 잡학 사전

우리 몸에 필요한 5대 영양소

5대 영양소는 우리 몸에 꼭 필요한 물질이야. 몸속에서 에너지로 변해 우리가 힘을 내게 하고 뼈나 장기, 피를 만들며 몸을 건강하게 해 줘.

탄수화물

밥, 빵, 고구마 등에 들어 있는 영양소로 우리 몸에서 가장 빨리 에너지로 바뀌어. 뇌와 근육, 피가 일을 하는 힘이 되지.

비타민

채소와 과일 등에 들어 있는 영양소로 종류가 13가지나 돼. 몸의 여러 기능을 조절하고 에너지를 만드는 역할을 해.

지방

기름과 고기, 우유 등에 들어 있는 영양소로 우리 몸이 열심히 활동하는 데 꼭 필요한 영양소야.

단백질

달걀, 고기, 생선, 콩 등에 들어 있는 영양소로 몸속 여러 기관과 근육, 뼈, 피를 만들어.

무기질

고기, 해조류, 우유, 생선, 견과류 등에 들어 있는 영양소로 우리 몸을 건강하게 유지하는 데 꼭 필요해.

흑흑, 급식실에서 넘어져 식판이 엎어졌어

시끌벅적
으아아, 깜짝이야!
와글 와글
벌러덩
?
샥
휙
아야!
턱
우당탕
잉?
미끌
?
헉
휘청
푹
순재야, 안 다쳤니? 괜찮아?
훌쩍
선생님, 저 돈가스 못 먹어요?
탁탁탁
순재야, 걱정 마! 내가 다시 받아다 줄게.
훌쩍
훌쩍
고마워.
네 돈가스 여기 있거든!

급식실에서 넘어졌을 때

야코의 맞춤 코치!

선생님께 도움을 청하고, 다친 곳이 없는지 살피자!

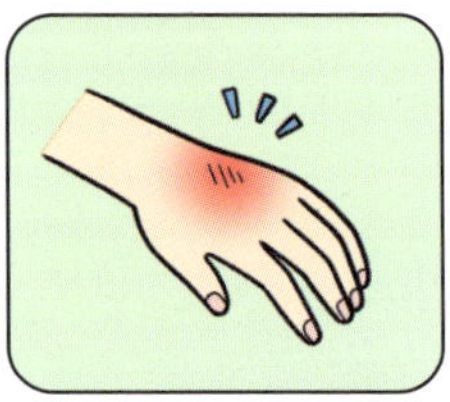

뜨거운 음식이 몸에 닿아 화상을 입은 건 아닌지 살펴봐.

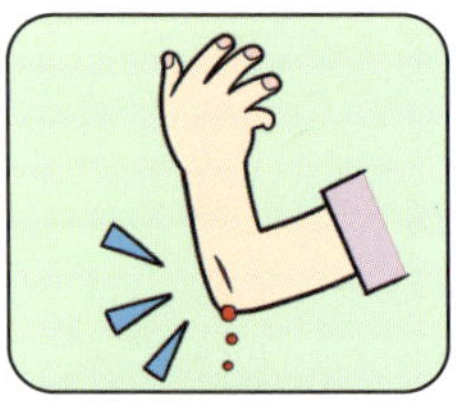

머리나 팔꿈치 등을 부딪혀 다치지 않았는지 확인해.

바닥에 음식을 흘렸다면 빨리 깨끗하게 치워.

음식이 옷이나 몸에 튀었다면 화장실에 가서 말끔히 씻어.

사동 패밀리가 과학 탐구단인 이유!

급식실에서 한바탕 소동이 일어난 뒤 선생님은 우리에게 숙제를 내 주셨어.

안전한 급식 시간을 위해 지켜야 할 규칙을 하나씩 조사해 오는 거였지.

나는 야코 형의 도움을 받아 숙제를 금세 마쳤어.

그러고 나니 사과탐단의 숙제가 궁금했어.

"얘들아, 너희들 숙제 다 했어? 우리 서로 공개할까?"

급식실은 사람이 많고 복잡한 곳이다. 바닥에 물이나 음식이 떨어지면 마찰력이 줄어 미끄러울 수 있다. 뛰거나 친구와 장난을 치지 않는다.

식판이나 젓가락은 강한 금속으로 만들어졌다. 부딪히거나 찔리면 크게 다칠 수 있으니 조심해서 다뤄야 한다.

순재와 백설이의 숙제를 보니 감탄이 절로 나왔지.

"우아! 역시 우린 과탐단이야! 내용도 진짜 과학적이네!"

그때 토벤이 숙제 사진을 올리고는 한마디 덧붙였어.

음식은 먹을 만큼만 받아 골고루 먹고 되도록 남기지 말자!

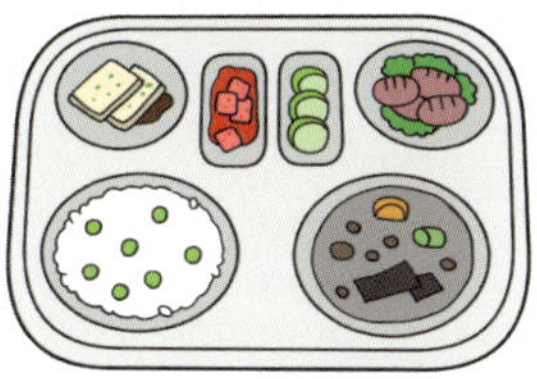

"난 과학적으로 내 몸과 지구의 안전을 함께 생각했어!"

아하, 음식물 쓰레기를 줄여 지구를 아끼자는 뜻이었어.

불이야! 알코올램프가 넘어졌어!

스윽
내가 잡아 줄게.
어!
앗! 뜨거워!
툭
휘청
툭
치지직
으악! 도망쳐!
치지직
우당탕탕
다다다다
얘들아, 선생님 뒤에 있어!
푸아아아
와~
박수~~
선생님 멋져!
흠흠!
쏴아
응.
사동아, 괜찮아?

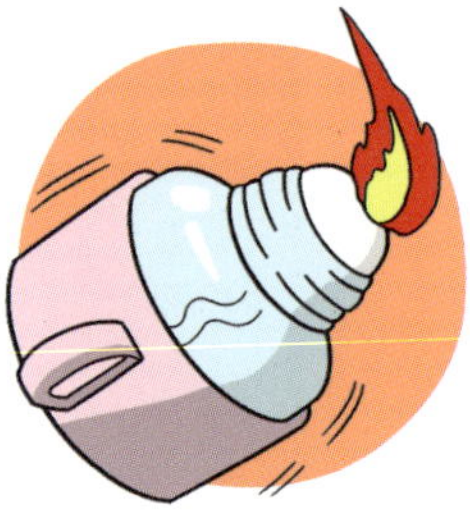

과학실에서 불이 났을 때

야코의 맞춤 코치!

선생님과 주변에 불이 난 걸 알리고 침착하게 행동하자!

불이 붙은 알코올램프가 넘어졌다면 젖은 걸레나 수건으로 램프를 덮어.

과학실에 있는 소화기를 가져와 불을 끌 수도 있어.

화상을 입었다면, 찬물로 다친 곳을 식히고 보건실에 가자.

한눈에 과학 편의점

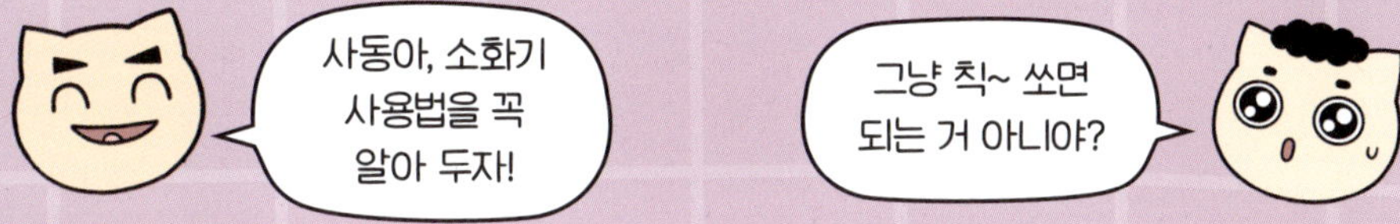

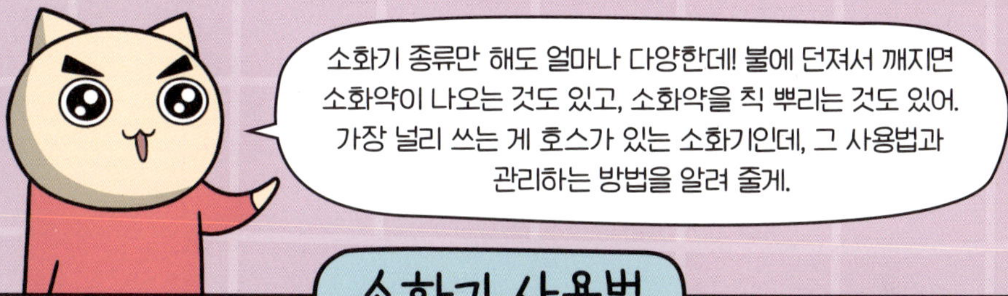

소화기 사용법

소화기의 몸통을 잡고 안전핀을 뽑아.

호스 끝을 잡고 불 쪽으로 안전하게 다가가.

손잡이 위아래를 꽉 눌러.

바람을 등지고 불 위로 소화약을 흩뿌려.

소화기 관리법

햇빛과 습기를 피해 보관해. 현관이나 거실, 복도 등 눈에 잘 띄는 곳에 두는 게 좋아.

계기판의 침이 초록색 부분을 가리키는지 확인해. 빨간색이나 노란색을 가리킨다면 소화기를 바꿔야 해.

소화기 안의 소화약이 굳는 것을 막기 위해 한 달에 한 번 정도 흔들어 주면 좋아.

보건실이 미어터졌다

알겠지!? 물질과
물체는 다른 거다.
꾸벅
꾸벅
후비적
후비적
푹
아!
힝~
선생님,
토벤 코피 나요!
척
아, 이제 괜찮….
번쩍
제가 보건실
데리고 갈게요.
사동이 녀석, 졸리고
수업 듣기 싫으니까….
선생님! 배가 아파요!
보건실에….
후유, 다녀와.
쿨럭 쿨럭
전 기침이
나와요.
선생님, 손가락에
피 나요.
자꾸 방귀가
나와요!
쑥 쑥 쑥 쑥
뿡뿡

사동아, 나 이제 코피 안 나.
벌름 벌름
어?
웅성
난 오늘 보건실 세 번째야.
우아! 너 보건실 단골이구나?
시끌 시끌
넌 어디가 아파?
나? 어디더라? 이상하게 보건실만 오면 안 아프네.
웅성 웅성
선생님, 손가락에 피가 맺혔어요.
밴드 줄 테니까 잘 붙이고 가렴.
시끌벅적
웅성웅성
선생님, 배가 아파요.
뿡 뿡
혹시 화장실 가고 싶은 거 아니야?
긁적
아! 그런 거 같아요.
드르륵
진짜 아픈 사람 빼고 모두 교실로!
돌아가자.
선생님 화나셨어.
웅성 웅성
이제 안 아픈 것 같아.
요놈들
소곤 소곤
소곤 소곤
토벤, 코피 다시 나게 할 수 없어?
네 코 빌려주면 해 볼게.

보건실이 꾀병 환자로 가득할 때

야코의 맞춤 코치!

정말 아픈 게 아니면 뒤돌아 나오기!

진짜 아픈 친구들이 치료를 받기 어려울 수도 있기 때문이야. 수업 시간에 꾀병을 부리거나 아픈 친구를 핑계 삼아 우르르 몰려가는 일, 쉬는 시간에 갔다가 수업 종이 쳐도 교실로 가지 않는 일은 절대 금물! 진짜 보건실에 가야 하는 때는 이럴 때야!

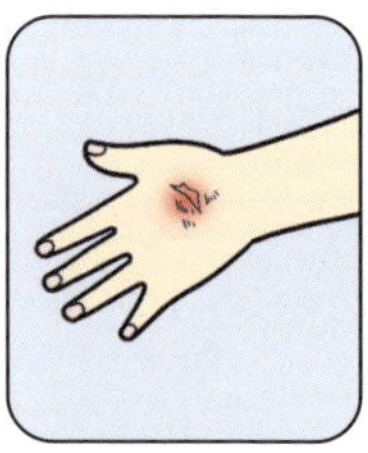

살갗이 벗겨지거나 피가 날 때

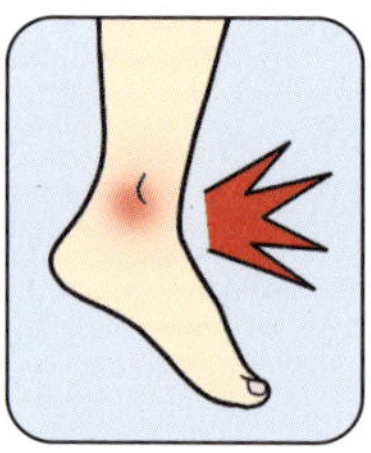

뼈를 다쳤거나 근육이 아플 때

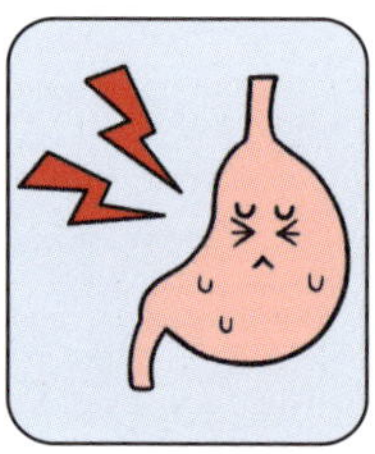

배가 아프고 소화가 안 될 때

머리가 아프고 어지러울 때

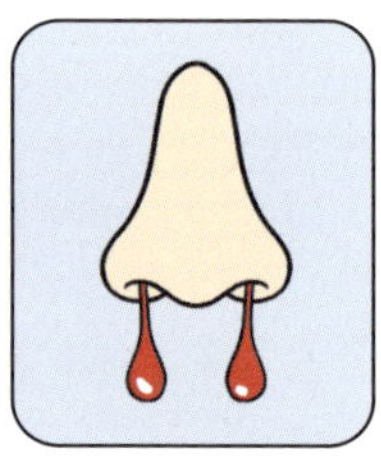

코피 날 때

☆ 야코랑 사동이의 과학 톡톡 ☆

형! 형도 꾀병으로 보건실에 자주 갔다는 게 사실이야?

사동아, 형은 너처럼 친구한테 일부러 코피를 내라고 하진 않았어.

뭐야~ 그건 그냥 장난이었지. 그런데 형, 왜 코피가 나는 거야?

코피가 나는 건 여러가지 이유 때문이야. 토벤이 한 것처럼 코를 세게 후빌 때, 날아오는 공에 맞거나 친구와 부딪혔을 때, 코에 염증이 생겼을 때, 코안이 말랐을 때 나지. 코피가 날 때는 이렇게 해 봐.

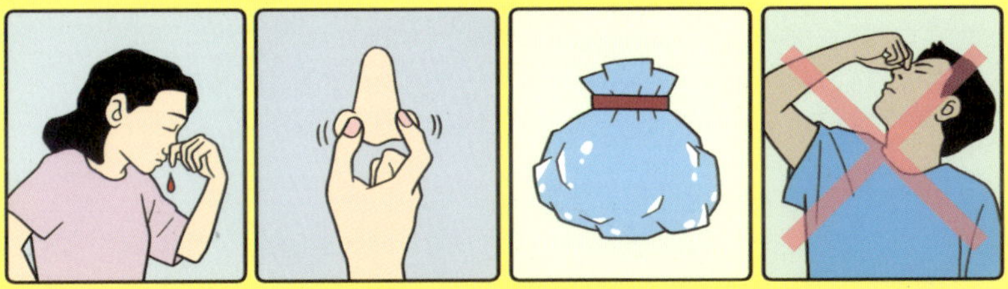

일단 고개를 아래로 숙여.	그다음 코를 쥐고 5분 정도 눌러.	콧등에 냉찜질을 하는 것도 좋아.	절대 고개를 들면 안 돼. 코피가 목으로 넘어가거든.

형! 혹시 코피가 목으로 넘어가면 피를 좋아하게 되는 흡혈귀 병에 걸리는 거야?

뭐어?

옥수수빵 반죽이 슬라임이 됐어!

그럼 가루를 담아 볼까?
으아아! 너무 많이 쏟았나?
곰표 누누농
왈칵
콸콸
괜찮아, 물을 많이 넣으면 될 거야.
으으~ 잘 안 돼.
끄으응~
사동아, 내가 도와줄까?
생수
어?
주물주물
???
슬라임이다!
주르르
어디? 어디?
우아! 진짜 슬라임이야.
오! 신기해!
크크크
사동이의 슬라임 쇼쇼쇼!
흔들 흔들
누가 요리 재료로 장난치니?
활활
슬쩍

요리를 하다가 엉망이 되었을 때

야코의 맞춤 코치!

레시피대로만 따라 하면 절반은 성공!

우선 무엇이 잘못되었는지 알아보자. 재료의 양을 잘못 넣었거나 순서를 헷갈린 게 아닐까? 잘못한 걸 바로잡거나, 아예 포기하고 레시피대로 다시 만들자. 요리할 때 주의해야 할 안전 수칙도 잊지 마.

요리 전에 반드시 손을 씻어.

불이나 뜨거운 그릇을 다룰 때 조심해.

칼이나 뾰족한 젓가락을 들고 장난치면 안 돼.

깨지기 쉬운 유리그릇은 조심해서 다뤄.

야코네 실험실

옥수수 전분 가루로 정말 슬라임을 만들 수 있는지 실험해 보자.

옥수숫가루 슬라임 만들기

준비물: 옥수수 전분 150g, 물 100ml, 식용 색소,
오목한 그릇, 나무 주걱

실험 방법

① 물에 색소를 넣고 섞어.
② 색소가 녹은 물을 옥수수 전분이 담긴 그릇에 조금씩 부어.
③ 나무 주걱으로 가루와 물이 잘 섞이도록 저어.
④ 반죽이 빡빡해지기 시작하면 반죽을 손으로 뭉쳤다 푸는 것을 계속해.

실험 결과

손으로 뭉치면 단단한 고체가 되었다가
손을 펴면 액체처럼 흘러내려.

어쩌지? 내 몸이 너무 뻣뻣해!

자신만만
획
사동이!
사동이!
사동이!
사동이!
헉
뻣
뻣
어쩌지?
몸이 안 굽혀져.
사동아, 장난하지 말고 이제 몸을 굽혀야지.
뻣뻣
휙휙
왜 저래?
사동이 로봇 같아.
선생님, 제 등 좀 눌러 주세요.
사동아, 이건 혼자 하는 거야.
뻣뻣
뻣뻣
으으윽
파닥
파닥
파닥
뻣뻣
크크
킥킥
크크, 사동아, 너 수영해?
딩
동
댕
사동아, 이제 그만하자.
수업 종 쳤다
파닥
파닥
휘익
휘익
뻣뻣
조금만 더요. 이제 닿으려고 해요!

유연성 측정기에 손이 닿지 않을 때

야코의 맞춤 코치!

유연성을 높이는 준비 운동을 해 보자.

제자리 뛰기 등으로 몸을 따뜻하게 만들자.

숨을 들이마신 후 천천히 내뱉으며 근육을 풀자.

유연성 측정할 때 하는 동작으로 스트레칭을 하자.

한눈에 과학 편의점

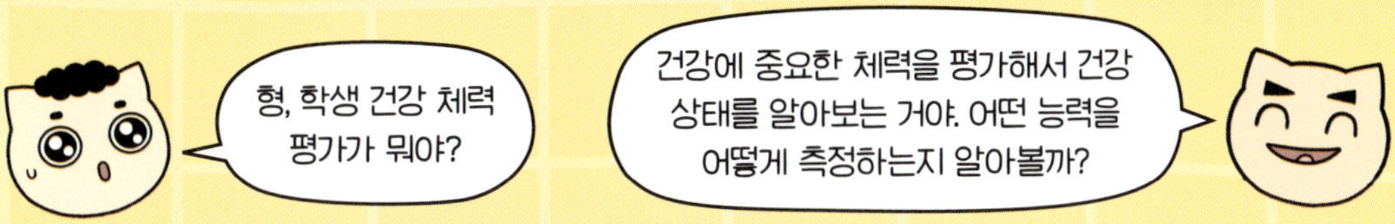

학생 건강 체력 평가 종목

심폐 지구력: 심장과 폐의 기능이 잘 발달해 오랫동안 운동을 할 수 있는 능력
종목: 왕복 오래달리기, 오래달리기-걷기

유연성: 관절이 앞뒤 좌우로 잘 굽혀지는 정도
종목: 앉아 윗몸 앞으로 굽히기

순발력: 짧은 시간에 순간적으로 힘을 내는 능력
종목: 50미터 달리기, 제자리 멀리뛰기

근력, 근지구력: 한 번에 큰 힘을 낼 수 있는 정도, 일정한 힘을 오래 반복해서 낼 수 있는 정도
종목: 윗몸 말아 올리기, 악력

변기에 물이 안 내려가!

깔깔깔
하하하
헉
급똥
나
화장실 좀!
탁탁탁
두다다다다다다다
헉! 빠르다.
뭐야? 뭐가
지나갔어?
화장실
후다닥
끄응~
퐁
흐흐,
시원하다~.
딸깍 딸깍
어! 이게
왜 이래?

어떡해! 변기 물이
안 내려가!
까꿍
와, 여기 진짜
맛있다!
냠냠
후루룩
냠냠
응?
띠리링
그렇다니까!
여보세요.
사동아!
오물
오물
어? 사동이
학교에 있을 시간
아닌가?
우물
우물
쩝쩝
쩌렁
형! 내가 배가 아파서
화장실에 가서 똥을
눴는데….
쩌렁
변기 물이 안 내려가.
형! 지금 학교로 와 주면
안 돼?
너희 왜
안 먹어?
우물 우물
탁
우웩
쩝쩝
사동이 어디 갔는지
아는 사람?
선생님, 사동이
화장실에 갔어요. 제가
데리고 올게요.
그래,
가 볼래?
사동아, 괜찮아.
그냥 나와.
똑똑
안 돼.
절대 못 나가!

변기가 막혀 물이 안 내려갈 때

야코의 맞춤 코치!

일단 화장실 밖으로 나와서 어른에게 알리자

변기가 막혔을 때 자꾸 물 내림 버튼을 누르면 안 돼. 잘못하면 변기 밖으로 물이 넘칠 수도 있거든.

①일단 변기 뚜껑을 닫고 밖으로 나와.

②화장실에 있는 친구들에게 변기가 고장 났다고 알려.

③선생님이나 다른 어른에게 변기 고장을 알려.

④종이에 '변기 고장'을 써서 화장실 문에 붙이면 좋아.

☆ 야코랑 사동이의 과학 톡톡 ☆

형! 근데 변기 속은 어떻게 생겼어?

화장실에 가면 관찰할 수 있을걸?

나 지금은 화장실 안 가고 싶은데….

그, 그래? 그럼 형이 알려 줄게!

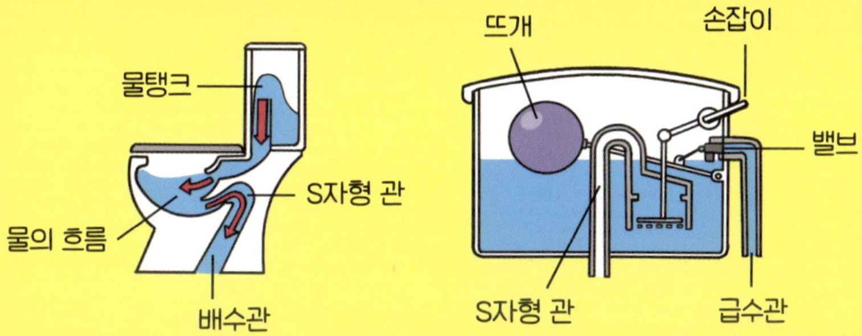

아, 이렇게 생겼구나. 그런데 형! 변기가 막혔을 때 쓰는 뚫어뻥은 어떻게 막힌 변기를 뻥! 하고 뚫어 주는 거야?

공기의 압력차를 이용하는 거야. 뚫어뻥의 고무 부분으로 변기 입구를 막고 눌렀다 당기면 고무 안쪽은 공기가 빠져나가 기압이 약해져. 배수관 아래쪽은 상대적으로 기압이 강하지. 공기는 압력이 강한 쪽에서 약한 쪽으로 흐르기 때문에 관을 막고 있던 이물질이 위로 올라오면서 변기가 뚫려.

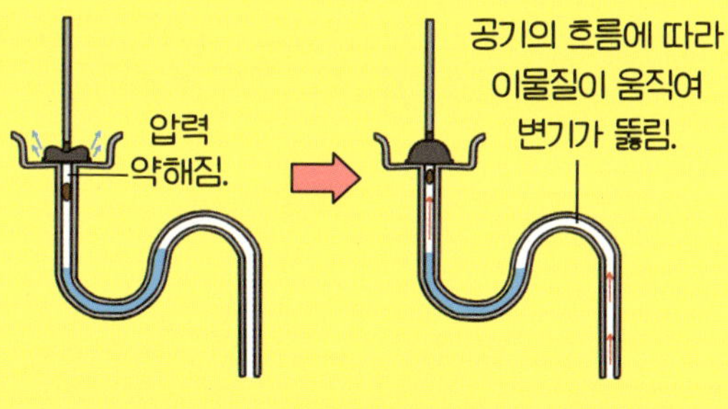

학교에서 부딪힌 뜻밖의 위기

야코와 함께 노래를

사동이와 친구들이 맛있는 급식을 먹으러 갔어. <급식 먹을 때 특징> 노래를 따라 부르면서 사동 패밀리의 급식 시간을 함께 느껴 봐. 과학 상식 퀴즈로 음식 속 영양소에 대해서도 알아보자!

급식 먹을 때 특징

돈가스! 돈가스! 아, 시금치는 왜 있어. 진짜!

돈가스! 돈가스! 예에에에에에에! 엥? 이 생선은 산 채로 튀겨졌나?

돈가스! 룰루랄라! 조용! 진짜 시끄러워, 얘들아.

돈가스가 뭐 그리 대단한 거라고? 돈가스!

돈가스, 짜장밥, 치킨너깃, 불고기! 참을 수 없어. 꿀맛으로 즐겨야 해.

시금치, 콩밥, 가지볶음, 도라지무침! 참을 수 없어.

최대한 조금 주세요. 아주머니.

(다음 날) 와, 이거 닭강정 아니야? 많이 받아야지! 헤헤, 즐겁당.
자, 한입 먹어 볼까? 앙! 흐에! 왜 그래? 코다리 강정이야.
와, 이거 탕수육 아니야? 많이 받아야지! 헤헤, 즐겁당.
자, 한입 먹어 볼까? 앙! 우웩! 왜 그래? 버섯 탕수육이야.
소시지 야채볶음, 탕수육, 닭튀김! 참을 수 없어. 야무지게 먹어야지.
미역 줄기 나물, 오이소박이, 코다리! 참을 수 없어.
최대한 조금 주세요. 아주머니.

과학 상식 퀴즈

Q 우리 몸에 꼭 필요한 영양소는 5가지가 있어. 왼쪽에서 각 영양소의 이름과 대표하는 음식을 보고, 오른쪽에서 그에 맞는 설명을 찾아 선으로 이어 봐.

① 

탄수화물

② 

비타민

③ 

단백질

㉠ 종류가 13가지나 되고 몸의 여러 기능을 조절해.

㉡ 몸속 여러 기관과 근육, 피, 뼈를 만들어.

㉢ 우리 몸에서 가장 빨리 에너지로 바뀌는 영양소야.

↳ 정답은 144쪽에!

감자칩

3장

학교 밖에서 만나는 특별한 위기

비켜! 버스 뒤에 서면 위험해

아무도 안 볼 때 초코 과자 하나 먹고 가야지.
두리번 두리번
부릉 부르릉
이 녀석, 왜 안 와?
선생님, 제가 화장실 가서 토벤 데리고 올게요.
그럴래?
와삭
냠냠 와삭
쌩
이건 토벤이 좋아하는 초코 과자 냄새?
킁킁
킁킁킁
벌름벌름
멈칫!
와삭 와삭
부르르
토벤! 위험해!
킁킁
기사님! 멈춰요!
다 다 다
우아~
팟
팟
팟
팟

서 있던 자동차가 갑자기 움직일 때

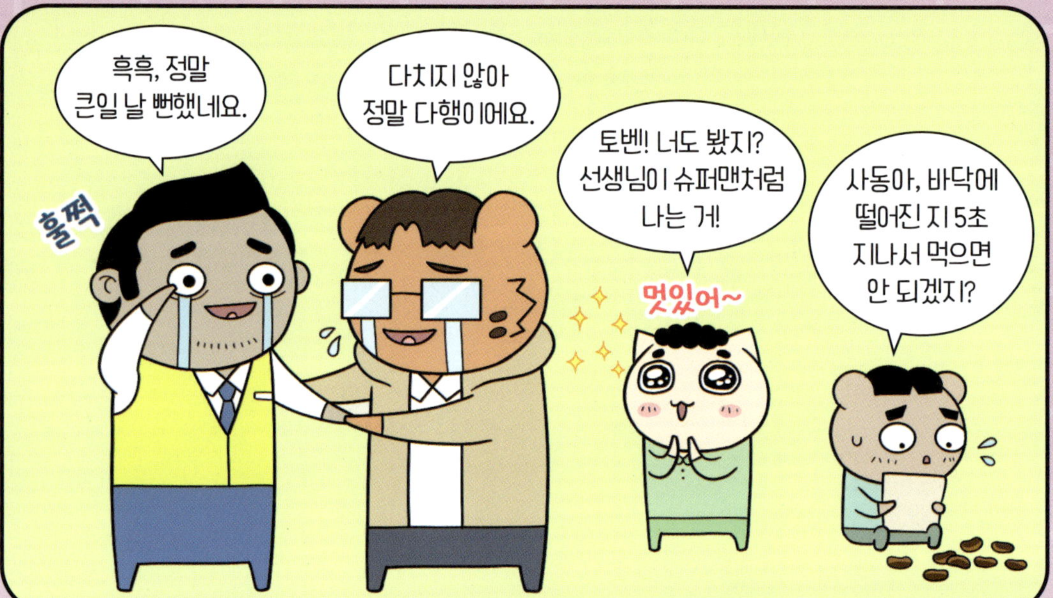

야코의 맞춤 코치!

어휴, 안 다쳐서 다행! 이런 일이 다시 없으려면?

자동차가 멈춰 있더라도 그 주변에서 놀지 않는 게 좋아.

차가 자주 드나드는 주차장이나 그 입구에서 놀면 위험해.

차 아래로 공이 들어갔을 땐 어른들에게 도움을 청해.

차에서 내린 뒤, 차의 앞이나 뒤로 뛰어가면 안 돼.

한눈에 과학 편의점

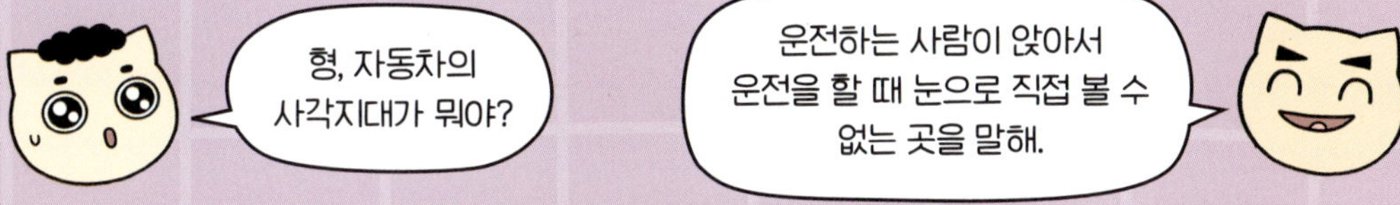

자동차의 사각지대

자동차가 커지면 사각지대도 커져.

특히, 아이들은 몸집이 작아 차 옆에 서 있어도 운전자에게 잘 보이지 않아. 게다가 사각지대에 앉아 있다면 정말 보기 어려워. 그러니까 자동차 옆에 서 있거나 앉아 있지 말자!

도시락 통이 깨졌다고?

얘들아,
점심시간이다!
왁자지껄
깔깔
깔깔
우아~
야호~
하하하
여기서
친구들이랑 맛있게
점심 먹자!
네~ 네~
얘들아, 우린
저기서 먹을까?
으앙~
내 도시락!
으아아앙
선생님!
유주 도시락 통이
깨졌어요.
유주야! 절대
만지지 마!
훌쩍 훌쩍

혹시
내 도시락도?
설마….
점심 못 먹으면
안 되는데!
훌쩍 훌쩍
내 도시락
플라스틱.
종이!
짠~
은박.
스테인리스!
나무.
후유~
다행이다.
근데 우리 도시락 통이
다 다르네? 사동이 건 플라스틱,
순재 건 종이, 뿔콘치는
나무….
꼬르륵
도시락 통은 모두
다르지만 우리 모두
같은 마음이지?
척
끄덕
끄덕
응!
배고파!
얼른 먹자!

초등 과학 3-2 | 물체와 물질

위기 단계

도시락 통이 깨지거나 금이 갔을 때

야코의 맞춤 코치!

깨진 그릇에 담긴 음식은 먹으면 안 돼!

그릇이 깨졌으면 그 그릇에 담긴 음식은 먹지 않는 게 좋아. 눈에 보이지 않을 정도로 작은 플라스틱 조각이나 유리 조각이 음식에 섞여 있을지도 모르거든. 혹시 작은 플라스틱 조각을 실수로 먹었을 땐 어떻게 해야 할까? 일단 주변 어른들에게 알려야 해. 대개 작은 플라스틱 조각은 몸 안에서 소화되지 않고 대변으로 몸 밖으로 나오니까 너무 걱정하지 말고, 만약 목이 따끔거리거나 배가 아프거나 구역질이 나면 바로 병원에 가 검사를 받는 게 좋아.

여러 물질의 도시락

도시락을 먹는 내내 우리 사과탐단은 과학 토론을 벌였지.

"얘들아, 너희들 물체와 물질이 서로 다른 거라는 건 알고 있지?"

"알지. 물체는 도시락, 숟가락, 젓가락, 물통, 돗자리 같은 거잖아."

백설이의 말에 내가 눈에 들어오는 것들을 가리키며 말했어.

"그렇구나. 그럼 물질은 뭐야?"

토벤이 물었어.

"물질은 물체를 만드는 재료를 말해. 내 도시락은 스테인리스로 만들어졌어."

백설이가 도시락을 톡톡 치자 금속이 내는 날카로운 소리가 들렸어.

"이건 깨질 염려가 없어."

맞아, 백설이의 도시락은 절대 깨질 것 같지 않았어. 그러자 다들 자기 도시락의 장점에 대해 이야기하기 시작했지.

"내 도시락은 나뭇결이 너무 예뻐."

"내 플라스틱 도시락은 엄청 가벼워."

뿔콘치와 나의 도시락 자랑 다음은 김순재와 토벤이었어.

"우리 도시락은 종이랑 은박으로 만들었는데 가볍고 편리해."

"맞아. 다 먹고 나면 엄마가 버리고 오랬어. 돌아갈 땐 가방이 더 가볍겠지."

'한 번 쓰고 버리는 도시락은 지구에 좋지 않아!'

나는 속으로 조용히 생각했지.

킁킁! 김밥이 쉰 건가?

하하하
깔깔깔
우아! 맛있겠다.
역시 소풍엔 김밥이지.
아아암, 냠!
냠냠
쩝쩝
냠냠
오물오물
으음? 왜 김밥에서 새콤한 냄새가 나지?
킁킁
응? 김밥이 쉰 거 아니야?
맞아. 김밥은 원래 잘 쉬는 음식이랬어.
웅성 웅성 웅성 웅성
뿔콘치, 어떡해….

뿔콘치!
내 김밥 나눠 줄게.
스윽
나도.
내 것도
먹어 봐!
나도 줄게.
감동~
얘들아,
고마워.
어? 뿔콘치!
왜 김밥을 산처럼
쌓아 놨니?
선생님,
뿔콘치 김밥이
쉰 거 같대요.
뭐?
그래, 이건
안 먹는 게 좋겠다.
킁킁
얘들아,
선생님 유부초밥도
먹어 볼래?
유부초밥은 식초랑
설탕을 넣어서 새콤
달콤하단다.
우아,
맛있겠어요!
와~

소풍에 싸 간 김밥이 쉰 것 같을 때

야코의 맞춤 코치!

음식이 상한 것 같을 땐 절대 먹지 않기!

만약 상한 음식을 먹고 토하거나 설사가 나올 때는 이렇게 해 봐!

깨끗한 물이나
스포츠 음료를
조금씩 자주 마셔.

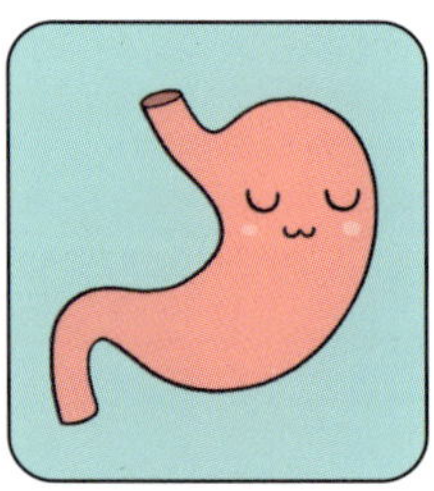

음식을 먹지 말고
위를 쉬게 해.

상한 음식이 무엇인지
찾아서 즉시 버려.

배가 많이 아프고 열이
나면 바로 병원으로 가.

시시콜콜 잡학 사전

시큼시큼 식초의 모든 것!

식초의 주성분은?

과일이나 곡식 등이 세균에 의해 발효되면서 만들어지는 초산이야. 영어로는 아세트산이라고 하지.

입맛을 돋게 한다고?

식초의 신맛이 침샘을 자극하면 맛을 느끼는 감각이 살아난대.

세균을 죽인다고?

식초의 강한 산성 성분은 세균을 없앤대.

냄새를 없앤다고?

식초의 산성 성분이 생선의 비린내를 없애고 양파와 마늘, 파의 자극적인 냄새도 잡아 줘.

피로를 풀어 준다고?

몸 안 근육에 젖산이란 물질이 쌓이면 피로를 느끼게 돼. 식초를 먹으면 젖산이 분해되어 피로가 풀려.

빨래 헹굴 땐 식초 한 방울?

빨래가 잘 마르지 않으면 쿰쿰한 냄새가 나. 빨래를 할 때 마지막 헹굼 물에 식초를 한 방울 떨어뜨리면 세균과 냄새를 모두 줄일 수 있대!

감자칩이 가루가 됐어

어머!
이게 왜 여기에 있니?
끄덕 끄덕
사동이가 과자를 놓고 갔어요?
걱정~
우리 사동이, 친구들 과자 먹을 때 혼자만 못 먹어서 어떡하니?
걱정 마세요, 어머니. 제가 잘 가져다줄게요.
우리 아들 파이팅!
쌔앵
짝 짝 짝
지하철
2
출입구
지하철이 제일 빠를 거야.
다다다
사람이 왜 이렇게 많아?
퍽
차아아
후우 후우
큰일 날 뻔했네.
쭈글 쭈글

깔깔깔
하하하
크크
샤샤샥
쏙
감자칩
얘들아, 우리 과자 먹자.
좋아!
샤샤샥
사동이 사촌 형이 왜 왔지?
응?
감자칩
사동아, 너 과자 벌써 다 먹었어? 빈 봉지 같은데?
아닌데?
감자칩
쭈글 쭈글
얘들아, 내 감자칩이 가루가 됐어.
우수수

가방 속 과자가 부스러져 가루가 됐을 때

야코의 맞춤 코치!

과자가 부서지지 않게 미리 잘 보관하자!

만약 감자칩이 부서졌다면 부서진 과자들을 먼저 먹고, 나머지 과자들은 부서지지 않게 잘 보관했다 먹자.

부서지기 쉬운 과자는 다른 용기에 덜고 제습제를 넣어 보관하자!

추가 팁!

먹다 남은 과자를 계속 바삭하게 즐기려면, 봉지를 잘 접거나 집게로 윗부분을 막아 두자!

야코네 실험실

과자 봉지를 가득 채운 기체는 질소야. 질소는 과자가 상하는 것을 막고 부서지지 않게 보호해. 질소가 하는 일을 실험으로 알아보자.

실험 1 과자 뜯어 놓기

준비물: 질소 충전 포장 과자 2봉지(같은 과자로 준비), 접시

실험 방법

1. 과자 1봉지를 뜯고 접시에 담아.
2. 하루가 지난 뒤 접시에 놓아둔 과자와 방금 뜯은 과자의 맛과 향, 색을 비교해 봐.

실험 결과

방금 뜯은 과자의 식감은 바삭하지만, 하루 전 접시에 놓아둔 과자의 식감은 눅눅해.

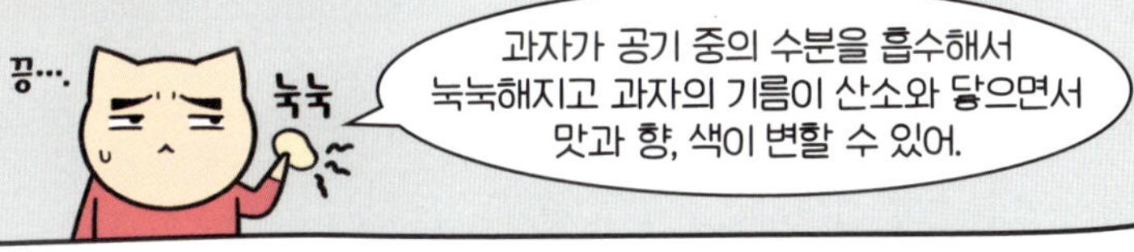

실험 2 과자 주무르기

준비물: 질소 충전 포장 과자 2봉지(같은 과자로 준비), 지퍼 팩

실험 방법

1. 과자 1봉지를 뜯어서 지퍼 팩에 담아.
2. 과자가 담긴 지퍼 팩과 뜯지 않은 과자 봉지를 각각 1분 동안 손으로 주무른 뒤 과자의 상태를 확인해.

실험 결과

지퍼 팩에 담은 과자가 훨씬 더 많이 부서졌어.

왜 김순재가 가져온 물만 끝까지 시원할까?

꿀꺽
근데 이거 얼려 온 거 아니었어? 얼음이 하나도 없네?
얼음은 이미 다 녹았지.
찰랑 찰랑
헉!
얼음물 마실 사람?
나!
나도 나도!
번쩍
으으으~ 차가워!
부르르
와! 얼음이 아직 남아 있네?
아그작
꿀꺽 꿀꺽
꿀꺽 꿀꺽
이상해. 토벤 물병의 얼음은 다 녹았는데 김순재 물병의 얼음은 왜 그대로지!?

얼음물이 금방 녹았을 때

야코의 맞춤 코치!

차가운 음료를 계속 차갑게 유지하려면?

더운 날, 야외에서 얼음물과 찬 음료를 좀 더 오래 차갑게 유지하려면 외부에서 들어오는 열을 막아야 해. 손수건이나 신문지, 종이 타월 같은 걸로 얼음물이나 찬 음료가 든 병 전체를 감싸 주면 좋아. 신문지나 손수건이 젖으면 열을 막는 효과가 떨어지니 마른 것으로 바꿔 주어야 해.

☆ 야코랑 사동이의 과학 톡톡 ☆

형! 나 오늘 소풍 갔다 와서 궁금한 게 생겼어.

뭔데?

아침엔 토벤이 얼려 온 물병과 김순재의 보온병 물이 둘 다 시원했거든. 그런데 오후엔 김순재가 가져온 물에만 얼음이 남아 있고 토벤 건 얼음이 녹아서 미지근하게 돼 버렸어. 왜 그런 거지?

김순재는 보온병에 얼음물을 담아 왔으니까 그렇지.

보온병은 주위의 온도와 관계없이 일정한 온도를 유지하는 병이야. 병 내부의 온도가 잘 유지되도록 얇은 은박을 입히고 두 개의 벽을 만들어. 이 두 벽 사이는 아무것도 없는 진공 상태여서 열도 들어오지 못해. 그래서 김순재의 보온병 속 얼음이 녹지 않았던 거야.

아하! 그렇구나! 형, 형도 그런 보온병 있어?

형이 하나 사 줄게.

사동 패밀리가 사라졌다

체험 학습 날
자 자, 얘들아!
우리 반은 호수 근처로 가서 그림을 그릴 거야. 이 깃발 잘 보고 따라오렴.
잠깐만, 나한테 붓 빌려줄 사람?
나! 나 붓 많아.
우아~
다 새 거 같은데?
응, 어제 샀어.
모두들 따라오렴
네~
물감도 새 거야?
아니.
내 물감 새 거야.
그럼 나 파란색 물감 좀 빌려줘.
알았어.

어?
큰일 났어.
선생님이랑 우리 반
애들이 실종됐어.
우리가 실종된 게
아닐까?
으아악
다들 어디로
갔지?
흩어져서
찾아보자!
우린 이쪽으로
가 볼게.
탁탁탁
탁탁탁
그럼 우린
이쪽으로!
선생님!
어디 계세요?
얘들아,
얘들아!
얘들아,
어딨니?
선생님~!
저희 여기
있어요!
으이구!
이 녀석들 어딜 가나
말썽이네.
선생님,
사동 패밀리가
안 보여요.

체험 학습에서 선생님을 잃어버렸을 때

야코의 맞춤 코치!

제자리에서 기다리거나 도와줄 어른을 찾자!

넓은 곳에서는 소리가 공기를 타고 사방으로 퍼져서 크기가 금세 줄어들고, 주변 다른 소리들과 섞여서 명확하게 전해지지 않아. 선생님을 잃어버렸을 때는 아래처럼 해 보자.

다른 곳으로 가지 말고 일단 제자리에서 기다리자.

유니폼을 입거나 명찰을 단 사람, 경찰에게 도움을 청하자.

안내 센터나 미아보호소에 가서 상황을 말하자.

한눈에 과학 편의점

소리의 전달 과정

물체의 진동 → 공기의 진동 → 고막의 진동 → 귓속뼈 → 달팽이관 → 청각 신경 → 뇌

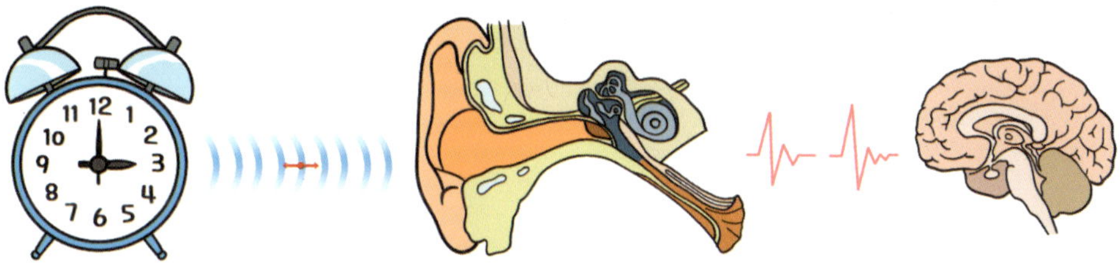

물체가 떨리면 주변 공기가 진동해. 공기의 진동이 귓속으로 들어와 고막을 떨리게 하고, 신경을 통해 뇌로 전달되면 우리가 소리를 들을 수 있어.

소리의 방향

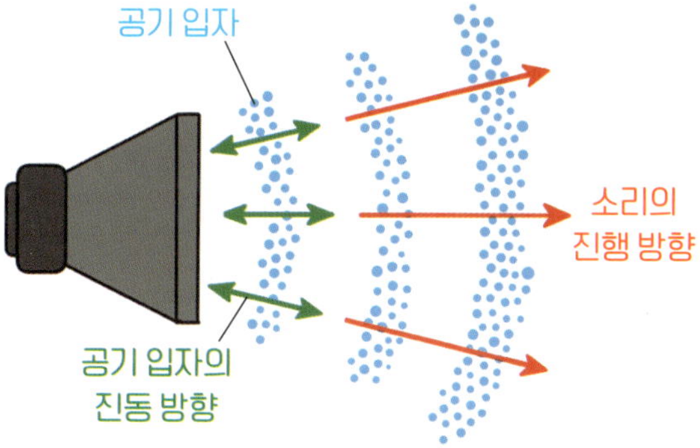

소리는 공기 같은 물질이 떨리면서 이동해. 이때 공기가 흔들리는 방향대로 소리가 나아가지. 스피커에서 나온 소리는 앞으로 움직이며 공기를 앞뒤로 흔들어. 이 흔들림이 앞쪽으로 계속 전달돼서 소리가 앞으로 퍼져 나가는 거야.

옷에 물감이 튀었어

저기
야코 형이다!
크크
토벤, 장난치지 마.
야코 형은 지금 자고
있을 시간이야.
척척
야코 형!
양양이 형!
하몽이 오빠!
어!
진짜 형이네!

휙휙
혀어어어어엉!
으아아아악
도망쳐!
물감 비다!
으아아아악
휙휙휙
다다다
다다다
어?
왜 저러지?
벌레 나온 거 아냐?
벌인가?
혀어어어어엉~.
다 다 다 다
형! 나 좀 구해 줘.
힝~
사동아, 이거 무슨 물감이야?
뿔꼰치 물감이야. 어제 새로 샀대.
그게 아니라….
크크크, 사동이 진짜 사고뭉치야.
화장실 어디지?
두리번 두리번

실수로 옷에 물감이 튀었을 때

야코의 맞춤 코치!

수성 물감은 찬물로, 유성 물감은 식용유로 지우자!

물감을 사용해 그림을 그리다 보면 물감이 옷에 튀어 얼룩질 때가 있지. 가장 먼저 물감이 물에 녹는 수성 물감인지 기름에 녹는 유성 물감인지 알아봐야 해.

수성 물감

①찬물에 담가 물감을 빼.

②비누나 표백제로 얼룩을 지워.

유성 물감

①식용유를 묻힌 종이 타월이나 천에 물감을 흡수시켜.

②주방 세제나 알코올로 식용유를 없애고 미지근한 물로 헹궈.

야코네 실험실

물과 기름은 서로 섞이지 않아.
기름이 물 위에 뜨는 성질을 이용한 실험을 해 보자.

바다로 흘러든 기름 없애기

준비물: 수조, 물, 파란색 수성 물감, 검은색 유성 물감, 식용유, 스포이드, 흡착포

실험 방법

1. 수조에 물을 담고 파란색 수성 물감을 풀어.

2. 식용유에 검은색 유성 물감을 넣고 섞어.

3. 검은 식용유를 스포이드에 담아 수조의 물에 떨어뜨려.

4. 흡착포로 물 위에 뜬 기름을 흡수해.

모자 도둑을 잡아라!

얘들아!
다다다
응? 사동이가 옷을 갈아입었네.
어? 내 붓이랑 팔레트, 물감, 물통 다 어디 갔지?
펄럭
사동아, 그거 다 우리한테서 빌린 거잖아.
아! 맞다. 나 아무것도 안 가지고 왔지!
긁적
휘이잉
얘들아, 비가 올 거 같으니까 그림 얼른 마무리하자!
비? 나 우산 없는데….
선생님께서 오늘 비 올지 모른다고 우산 챙겨 오라고 하셨잖아.
긁적
잠시 뒤
휘이잉
그래, 수고했다.
쌩
으으, 어디서 이런 바람이….
펄럭

으악!
내 그림!
쌩
선생님, 그림이
날아다녀요.
휘이잉
어떡해!
앗
휘청
얘들아,
조심해!
겨우 끝냈다.
얼른 내야지.
다다다
어?
휘이잉
둥실 둥실
펄럭
펄럭
다다다
안 돼!
내 모자!
사동아,
그림 가져왔니?
울먹 울먹
선생님, 모자를
잡다가 그림을 놓쳤어요.
그림 대신 모자 내도
되나요?

위기 단계

바람에 옷이나 모자가 날아갔을 때

야코의 맞춤 코치!

바람에 날아간 걸 잡겠다고 위험을 무릅쓰지 마!

당장 잡을 수 없을 정도로 멀리 날아간 걸 잡으려다 괜히 다칠 수 있어. 특히 바람이 세차서 날아간 게 보이지 않는다면 깨끗이 포기하자. 바람의 힘은 무척 세서, 옷이나 모자를 어디로 날려 보냈을지 몰라. 이렇게 강한 바람이 불 땐 어떡하냐고?

안전한 실내에 머물러.

창문을 꼭 닫고 유리창 근처를 피해.

공사장처럼 위험한 게 많은 곳은 출입 금지!

나무 근처도 조심! 부러진 나뭇가지에 다칠 수 있어.

☆ 야코랑 사동이의 과학 톡톡 ☆

형! 아까 내 그림 찾아다 줘서 정말 고마웠어.
그나저나 내 모자랑 그림 도둑을 어떻게 혼내 주지?

사동아, 그거 혹시 바람 말하는 거니?

응. 어떻게 알았어? 근데 형, 바람은 대체 왜 부는 거야?

바람을 불게 하고 방향을 바꾸는 건 태양이야. 공기가 햇빛을 받아 뜨거워지면 무게가 가벼워져서 위로 올라가 주변보다 공기의 압력이 낮은 저기압이 돼. 반대로 공기가 차가워지면 무거워져서 아래로 내려와 공기의 압력이 높은 고기압이 돼. 공기는 많은 곳에서 적은 곳에서 움직이기 때문에, 고기압에서 저기압 쪽으로 바람이 불지.

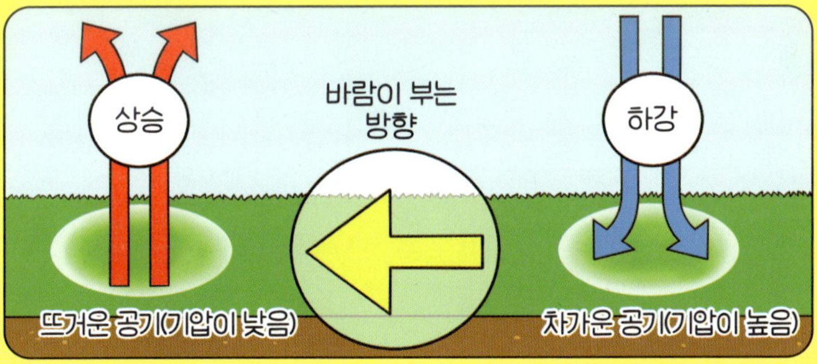

형! 너무 복잡해. 그러니까 뜨거운 공기가 범인이야?
차가운 공기가 범인이야?

둘 다야.

별이 하나도 안 보여

야야초 수련회
야호! 드디어 별 보러 간다.
꺄아아
크크
덩실 덩실
폴짝 폴짝
오! 예~
벌컥
누가 안 자고 있니?
조~용
탁
떠들지 말고 얼른 자.
끼아아
야호! 별자리 보러 가자!
히히히
신난다
야호!
덩실 덩실
벌컥
이놈들! 분명 소리가 났는데!
조~용
탁
빼꼼
선생님 가셨지?
응. 그런 것 같아.
꿈틀 꿈틀
쑥
소곤소곤
사과탐단! 별자리 관찰하러 가 볼까?
소곤 소곤
좋아!
소곤 소곤
신난다!

어? 이상하다.
별이 하나도
안 보여.
부릅
시골에 가면 분명
수도 없이 많은 별이 쏟아질 듯
보인다고 했는데?
이놈들! 누가
허락 없이 나가라고
했지!?
들켰다!
으악
도망쳐!
빡
아!
으아!
헤롱
헤롱
오! 드디어
별이 보여.
나도!
하나, 둘….
어휴!
이 말썽쟁이
녀석들!

밤하늘에 별이 하나도 보이지 않을 때

야코의 맞춤 코치!

제대로 준비해서 제때 다시 나가 보자!

최적의 장소

가로등이 없는 어두운 곳을 찾아.

적절한 시간

밤 9시부터 새벽 3시까지가 좋아.

관찰 도구

쌍안경, 망원경 등을 준비하면 더 확실히 볼 수 있어.

더 재밌게 보려면?

별자리 앱을 깐 휴대폰을 갖고 나가 봐.

한눈에 과학 편의점

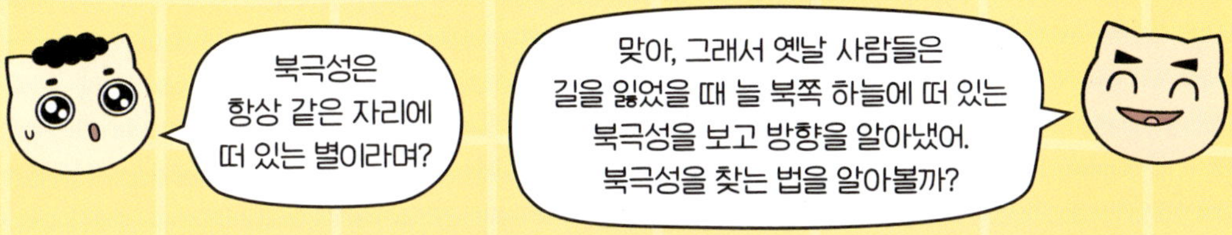

북두칠성과 카시오페이아자리 찾기

북두칠성

카시오페이아자리

북쪽 하늘에서 국자 모양의 북두칠성을 찾아봐. 카시오페이아자리는 북쪽 하늘에서 W 또는 M 모양으로 떠 있어.

두 별자리를 이용해 북극성과 방향 찾기

1. 북두칠성의 국자 끝 두 별 사이 거리의 5배 거리에 북극성이 있어.
2. 카시오페이아자리로 보는 방법은 좀 복잡해. 바깥쪽 두 별을 이은 선을 정가운데 꼭짓점까지 연결해 봐야 해. 그 지점인 ㉠에서 ㉡까지 거리의 5배 되는 곳에 북극성이 있어.
3. 북극성을 보고 섰을 때 오른쪽이 동쪽, 왼쪽이 서쪽, 뒤쪽이 남쪽, 앞쪽이 북쪽이야.

야코와 함께 다른 그림 찾기를

사동 패밀리가 수련회를 갔어. 그런데 너무 신나서 잠이 오지 않는대. <누가 안 자고 있나요> 쇼츠를 함께 보며 다른 그림 찾기를 해 보자. 별자리에 대한 과학 상식 퀴즈도 놓치지 마!

누가 안 자고 있나요

다른 그림 찾기

아래 그림을 보며 110쪽의 큰 그림과 다른 곳에 ○ 표시를 해 봐.

과학 상식 퀴즈

Q 우리나라 북쪽 하늘에 있는 두 개의 별자리야. 별을 이어서 별자리를 완성해 보고, 별자리의 이름을 초성에 맞게 적어 봐.

ㅂ ㄷ ㅊ ㅅ

ㅋ ㅅ ㅇ ㅍ ㅇ ㅇ ㅈ ㄹ

↳ 정답은 144쪽에!

4장

야코형 어렸을 적 유별난 위기

교실에 숨은 위험이 너무 많아!

투닥 투닥
포니몬이 더 세!
아냐. 메탈번쩍몬이 더 세!
휙 휙 휙 휙 휙 휙
탁
아야!
탁
아!
활활
안 되겠어. 탑블레요 한 판 뜰까?
좋지!
슝
슝
탁
으앗!
탁
윽!
보건실
너희들, 괜찮니?
네! 놀다가 그랬어요.
일부러 그런 거 아니에요.
히히
크크

위기 단계

교실에서 친구랑 놀다 다쳤을 때

야코의 맞춤 코치!

다친 곳부터 빠르게 살피기! 잘잘못은 나중에 따지자!

①바로 선생님께 다쳤다고 말씀드려.

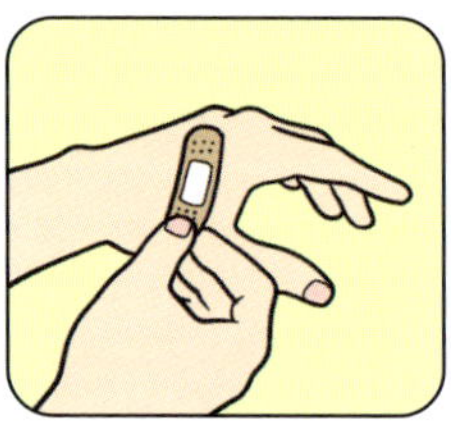

②상처가 났다면 깨끗이 소독하고 밴드나 반창고를 붙여.

③멍이 들거나 부었을 때는 얼음찜질을 하자.

④통증이 심할 때는 바로 보건실로 가거나 병원에 가야 해.

시시콜콜 잡학 사전

교실에서 일어나는 사고를 막기 위해 할 일

문을 여닫을 땐 다른 사람이 없는지 살피자!
함부로 문을 여닫다가 주변 친구가 다칠 수 있어.

친구를 밀거나 당기지 말자!
넘어지거나 다른 친구들과 부딪힐 수 있어.

학용품을 던지지 말자!
다른 사람이 맞으면 크게 다칠 수 있어.

몰래 의자를 빼는 장난을 치지 말자!
의자가 없는 걸 모르고 앉은 친구가 상처를 입을 수 있어.

칼이나 가위처럼 뾰족한 물건은 조심히 다뤄!
뾰족한 것에 찔리면 피가 나거나 세균에 감염될 수도 있어.

창문 밖으로 물건을 던지면 안 돼!
아래에 있는 사람이 크게 다칠 수 있어.

내 강낭콩만 콩꼬투리가 안 맺혔어!

하몽
양양
츄리
하몽
드르륵
양양
야호! 드디어 콩꼬투리가 열렸다!
헉!
강낭콩 키우기
양양, 츄리, 하몽
내 강낭콩은?
후다닥
털썩
안 돼!
아
아
아
악

내 화분의 강낭콩만 자라지 않을 때

야코의 맞춤 코치!

강낭콩의 잎과 줄기가 모두 말라비틀어졌다면 살리기 어려워. 강낭콩 키우기 다시 도전!

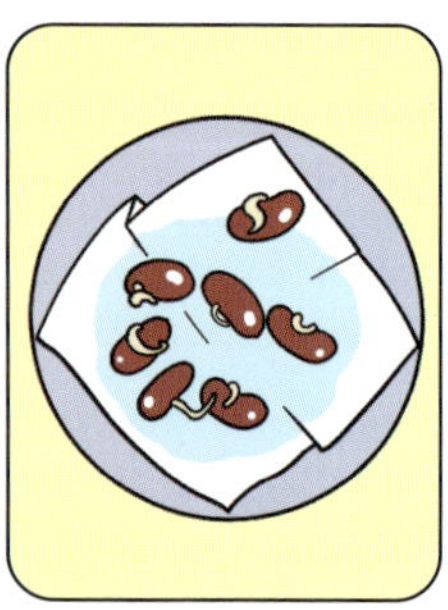

①씨앗을 물에 적신 휴지 위에 하룻밤 정도 두고 불려.

②씨앗 두께의 2~3배 깊이로 씨앗을 심고 흙이 촉촉하게 물을 줘.

③싹이 나면 윗부분 흙이 마를 때마다 물을 줘.

④줄기가 자라면 쓰러지지 않도록 지지대를 세워.

야코네 실험실

식물이 잘 자라려면 무엇이 필요한지 실험으로 알아보자.

강낭콩 키우기 실험

준비물: 비슷한 크기의 강낭콩 화분 2개

실험 1 한 화분에는 물을 알맞게 주고 다른 한 화분에는 물을 주지 않고 변화를 관찰해.

물을 준 것

물을 주지 않은 것

실험 2 한 화분은 따뜻한 곳에 두고 다른 한 화분은 추운 곳에 둔 뒤 변화를 관찰해.

따뜻한 곳에 둔 것

추운 곳에 둔 것

실험 3 한 화분은 햇빛을 받게 하고 다른 한 화분은 햇빛을 받지 않게 한 후 변화를 관찰해.

햇빛을 받은 것

햇빛을 받지 않은 것

학교 운동장에 강줄기가 생겼어!

저기 들어가서 놀면
엄청 재밌겠는데?
진짜!
가자!
휙
신난다!
휙
첨벙
첨벙
첨벙
나뭇잎이 떠간다!
와! 진짜
강물 같아.
우아.
얘들아,
이 웅덩이 좀 봐.
이상하다?
얘들이 왜 이렇게
늦지?
어?
하하하
깔깔깔
하하하!
강이다, 강!
여긴 바다!
하하하
크크크
깔깔
으으으,
저 녀석들
다 젖었겠네.

큰비로 운동장이 물바다가 되었을 때

야코의 맞춤 코치!

미끄러질라, 조심조심!

흙으로 된 운동장은 비가 오면 물이 고여. 물을 먹은 흙은 미끄러워져서 넘어질 위험이 있으니 천천히 조심조심 걷자. 그밖에도 비오는 날 주의할 점을 잘 기억해!

밖에서는 물론 건물 안에서도 미끄러지기 쉬워. 절대 뛰지 말고 천천히 걸어야 해.

비가 많이 내리면 빗물의 압력 때문에 배수구 뚜껑이 열릴 수도 있어. 걸을 때는 바닥을 잘 보며 조심조심 움직여.

우산이 때로는 위험한 물건이 되기도 해. 뾰족한 부분으로 다른 사람을 다치게 할 수 있으니 주의하자.

한눈에 과학 편의점

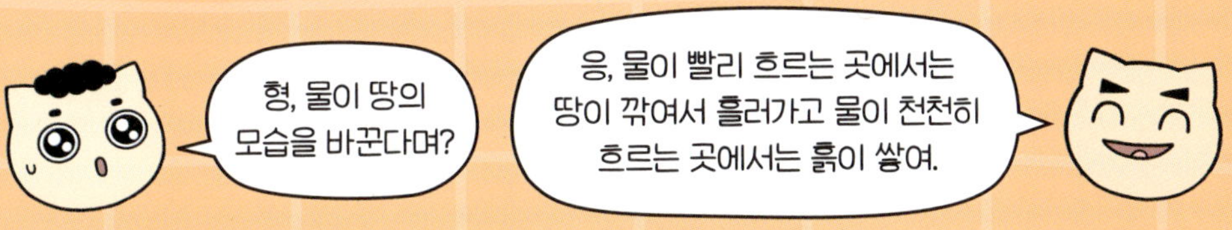

흐르는 물에 따라 변하는 땅

1 **침식 작용** 땅 위 바위나 돌, 흙 등이 깎여 나가.

2 **운반 작용** 물이 흐르면서 돌이나 자갈을 운반해.

3 **퇴적 작용** 모래나 흙 등 작은 알갱이들이 쌓여.

강 주변 땅의 특징

큰일이야! 일기를 한 달이나 밀렸어!

난 방학 첫날부터
시작해야 해.
나도.
난 며칠 썼어. 그날
날씨는 내가 알려 줄게.
히히
역시
하몽이야!
오오!
7월 31일 비, 8월 4일
맑음, 8월 7일 천둥 번개,
8월 13일 흐림.
으응?
수영장이랑 놀이공원,
영화관, 서점 간 거
하나씩 쓰자!
오, 좋아!
슥슥
슥슥
복날엔 삼계탕 먹은
걸로 쓰고 더운 날엔 냉면,
주말엔 피자, 치킨 먹은
걸로 쓰자.
슥슥
슥슥
복날이
언제였지?
너희들, 내일이 개학인데
방학 내내 일기를
안 쓴 거야?
쾅
이글이글
저는 4일
썼어요!

일기 숙제가 밀렸을 때

야코의 맞춤 코치!

이미 밀린 걸 어쩌겠어? 당장 밀린 숙제를 해결해야지!

중요한 건 앞으로 그러지 않겠다는 다짐! 해야 할 일을 밀리지 않는 방법을 소개할게.

해야 할 일 목록을 만들어 하나씩 지워 봐.

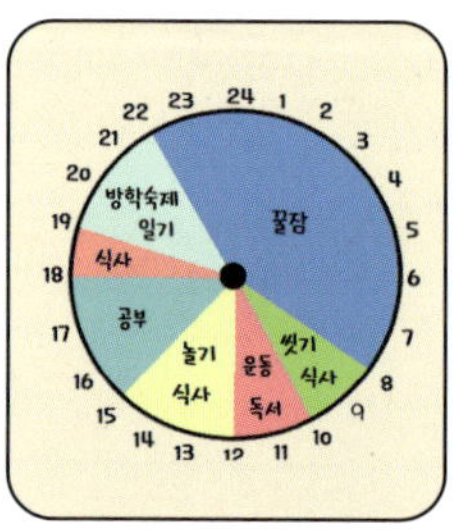

시간표에 숙제 하는 시간을 미리 정해 둬.

약속한 시간이 되면 5초 안에 당장 시작해.

할 일에 방해가 되는 스마트폰 등을 멀리 치워 놔.

우리 중 미루기 대장은 누구?

이모 덕분에 형들이 초등학교 다닐 때 미루기 대장이었다는 사실을 알게 되었어.

나는 이 사실을 재빨리 사과탐단에 알렸지.

"우리 이모가 미루기 습관은 초등학생일 때 바로잡지 않으면 고치기 힘들 거래."

우리는 만장일치로 '뇌 과학과 미루기 습관'을 다음 번 과학 탐구 주제로 정했고, 오늘 수업이 끝나고 함께 모여 이야기를 나누었어.

백설이가 가져온 과학 잡지에는 독일 보훔 루르 대학의 카롤리네 슐루터 생물 심리학 교수 연구 팀의 연구 결과가 실려 있었어.

일을 미루는 사람은 뇌에서 감정과 동기를 담당하는 부위인 편도체가 보통 사람들보다 크다는 결과였지.

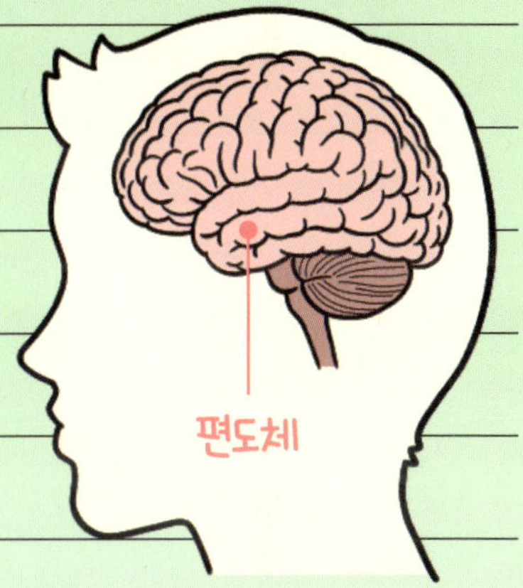

"좋지 않은 결과가 나올까 봐 불안해져서 자꾸 일을 미루는 거래."

백설이의 말에 우리는 갑자기 불안한 마음이 커지면서 각자 해야 할 일들이 떠올랐고 서둘러 집으로 흩어졌지.

집으로 가는 도중에 한 가지 궁금증이 생겼어.

'우리 중 편도체가 제일 큰 미루기 대장은 누구일까?'

줄다리기에서 힘도 못 쓰고 끌려갔어!

삑ㅡ
영차 영차
으으으
영차 영차
주륵
아, 안 돼!
두 번째
작전 실시!
으으으
착
착
우당탕
주르륵
삑ㅡ
5반 승!
작전 누가 짰니?

줄다리기에서 꼭 이기고 싶을 때

야코의 맞춤 코치!

진짜 줄다리기 필승 작전은 마찰력을 높이는 거야!

줄다리기 할 때 줄을 세게 당긴다고 이기는 게 아니야. 내가 줄을 당기면 똑같이 줄이 나를 당기는 힘도 작용해. 내가 세게 당기면 줄도 나를 그만큼 세게 당기니까 그걸로는 이길 수 없어. 마찰력을 높여 끌려가지 않는 게 중요하지.

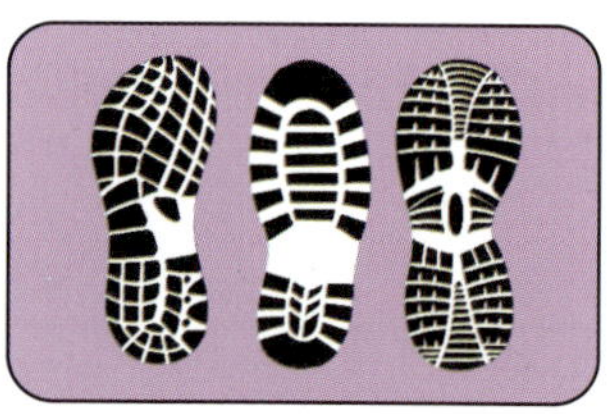

바닥과 마찰력을 높이기 위해 바닥이 울퉁불퉁한 운동화를 신어.

마찰력은 바닥을 누르는 힘이 셀수록 높아져. 몸무게가 무거운 친구가 많을수록 유리하지.

줄은 허리 아래쪽으로 낮게 잡고 몸을 뒤로 젖혀 무게 중심을 낮추면 좋아.

한눈에 과학 편의점

형, 줄다리기할 때처럼 세상의 모든 힘은 항상 쌍으로 있다며?

응, 모든 힘은 쌍으로 작용하며 서로 작용하는 힘의 크기는 같고 방향은 반대야. 이걸 한마디로 '작용 반작용의 법칙'이라고 하지.

작용 반작용의 법칙

벽을 밀어 봐. 내가 벽을 미는 힘은 작용이야. 반대로 벽이 나를 밀어내는 힘이 반작용이지. 내가 벽을 미는 힘만큼 벽도 나를 밀기 때문에 벽이 꿈쩍하지 않는 거야.

책상을 손으로 치면 손이 아프지? 내가 책상을 치는 힘은 작용이야. 반대로 책상이 내 손을 밀어내는 힘이 반작용이지. 내가 책상을 친 힘만큼 책상도 내 손을 밀기 때문에 손이 아픈 거야.

지구가 사동이를 잡아당기는 힘을 중력이라고 배웠지? 그런데 중력과 똑같은 힘으로 사동이도 지구를 당기고 있어. 이 두 힘도 서로 작용 반작용의 관계라고 할 수 있어.

귀신인가? 교실 창문이 눈물을 흘려!

잠깐, 얘들아!
덜덜덜
또르르
저기 유리창에
눈물이 흐르고 있어.
덜덜
헉!
으아아악
설마 그 귀신이
여기 온 거야?
덜덜덜
저벅
귀신은 원래 자기
얘기하면 온다잖아.
덜덜덜
저벅
저벅
아악!
저기
귀, 귀신 발!
얘들아,
수업 준비 안 하고
거기서 뭐 하니?
우리 선생님
맞아?
귀신이 선생님 흉내
내는 거 아닐까?
어떡해,
무서워.
?

교실 창문에 물방울이 맺혀 흐를 때

야코의 맞춤 코치!

창의 물기를 잘 닦고 창문을 자주 열어 환기해!

귀신의 눈물이 아니라 온도의 변화로 수증기가 응결하며 생기는 현상이야! 아래의 예처럼!

욕실 거울에 서리는 김

비 오는 날 뿌옇게 변한 자동차 유리창

얼음이 든 유리컵 표면에 맺힌 물방울

겨울철, 안경에 서린 김

야코네 실험실

차가운 얼음물이 담긴 컵이나 냉장고에 두었던 음료수병을 꺼내 놓으면 컵과 병 바깥쪽에 물방울이 맺히는 걸 본 적 있지? 그 물방울은 어디서 온 걸까?

수증기 응결 실험

준비물: 전자저울, 색이 있는 주스, 투명한 플라스틱 컵과 뚜껑, 은박 접시, 얼음 조각 여러 개

실험 방법

1. 주스와 얼음을 컵에 담고 뚜껑을 닫아.
2. 컵을 은박 접시에 넣고 전자저울에서 무게를 재.
3. 컵 바깥쪽에 물방울이 맺힐 때까지 기다려.
4. 전자저울에 올려 무게를 다시 재.

실험 결과

컵 바깥쪽에 물방울이 생기자 무게가 늘어났어. 공기 중을 떠다니던 기체인 수증기가 차가운 주스가 든 컵 바깥쪽에서 액체인 물방울로 변하는 응결 현상이 일어났기 때문이야.

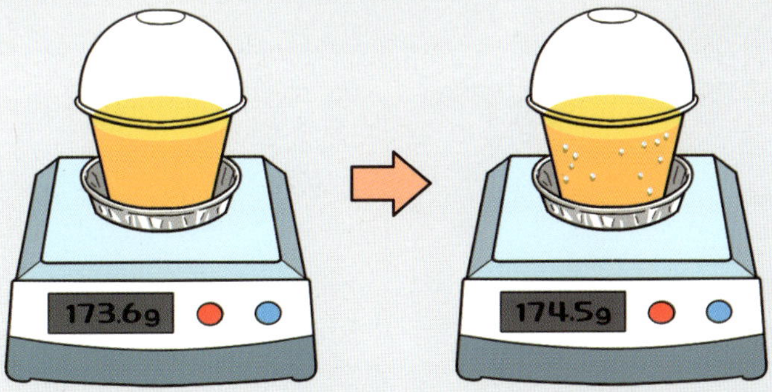

언어폭력은 절대 안 돼!

앞으로 일주일 동안 칭찬 양파, 비난 양파 실험을 해 볼 거예요.
칭찬
비난
칭찬 양파에게는 어머, 예쁘라~.
칭찬
비난 양파에게는 이 나쁜, &%^57 못된 &&68 양파!
비난
선생님, 무서워요.
칭찬 양파는 하몽이가 키우자.
네!
비난 양파는 누가 맡을래?
두리번 두리번
저요, 저요, 저요! 선생님, 저 저! 제가 할게요.
휙휙
휙휙
그, 그래.
D-7
사랑해, 귀여워, 아름다워!
못생겼어, 미워, 정말 싫어!

D-5
무럭무럭 잘 자라렴!
칭찬
잘게 다져서 죄다 볶아 버릴 테다!
비난
D-3
난 네가 너무 좋아. 잘 때도 게임 할 때도 같이 있자!
칭찬
D-1
냄새가 너무 지독해. 매워서 눈물 콧물 다 나오고!
넌 정말 좋은 점이 하나도 없어. 이 못난 양파!
뿌애앵
비난
여러분이 보는 것처럼 칭찬 양파가 훨씬 더 잘 자랐어요.
칭찬
비난
양파도 중요하지만 좋은 말을 썼던 하몽이 표정이 저렇게 밝은 걸 보면….
내가 이겼지! 야코는 멍청이 허접이! 넌 나한테 안 돼, 완벽하게 졌어!
으아앙
하몽아, 친구한테 좋은 말….

친구가 내게 자꾸 나쁜 말을 할 때

야코의 맞춤 코치!

나쁜 말을 하지 말라고 확실하게 말하자!

이상한 별명으로 부르며 놀리거나 나쁜 말을 하는 친구가 있니? 이럴 때는 똑같이 별명을 부르고 나쁜 말을 쓰며 맞받아치면 안 돼. 나도 똑같이 나쁜 사람이 되는 거니까 말이야. 무조건 참을 필요도 없어. 우선 '네 말이 기분이 나쁘다.'라고 확실히 알리는 게 중요해. 그다음 '다시는 별명을 부르거나 나쁜 말을 하지 마라.'라고 단호하게 말해야 하지. 만약 그래도 변화가 없다면 선생님이나 부모님에게 도움을 청하는 게 좋아.

☆ 야코랑 사동이의 과학 톡톡 ☆

형! 그린 음악 농법이 뭐야?

농작물에 음악을 들려주는 거야. 농작물이 더 잘 자라고 벌레는 덜 생기고 열매의 품질도 좋아진대.

말도 안 돼. 식물에 귀가 있는 것도 아닌데 어떻게 음악을 들어?

우리나라 농촌 진흥청 국립 농업 과학원에서 실험을 했대. 따 놓은 토마토가 너무 빨리 물러지는 문제를 해결하기 위해서 말이야. 같은 날 딴 토마토를 두 갈래로 나눈 뒤 한쪽에는 일정한 음파를 들려주고 다른 한쪽은 들려주지 않았지.

실험 결과, 일정한 음파를 들려준 토마토가 훨씬 덜 물렀대. 토마토는 에틸렌이라는 식물 호르몬이 나와서 빨갛게 익으면서 무르는데, 음파를 들려준 토마토에서는 이 호르몬이 무려 35퍼센트나 덜 나왔대.

우아! 진짜? 형! 형도 희망을 가져. 앞으로 듣기만 하면 머리카락이 쑥쑥 자라는 음악이 나올 수도 있잖아.

야코 형 어렸을 적 유별난 위기

야코와 함께 노래를

야코가 초등학생 시절 하몽이와 함께 양파 키우기 실험을 했대. <착한 말 양파 VS 나쁜 말 양파> 노래를 따라 부르면서 양파에게 일어난 일을 확인해 보자. 식물 기르는 법에 대한 과학 상식 퀴즈도 잊지 마!

착한 말 양파 VS 나쁜 말 양파

사랑해, 귀여워. 오고고고 아름다워! 죽어라! 죽어라! 반으로 쪼갠다!

쪼그맣고 너무너무 귀여워. 밟은 다음 즙으로 만든 다음 카레에다!

이름 지어 줄게, 양팡이! Your name is 실험체 B72!

무럭무럭 자라나거라! 간짜장의 재료가 되려무나!

넌 너무 사랑스러워. 난 네가 너무 좋아.

잘 때도 게임을 할 때도 함께 있자.

넌 너무 혐오스러워. 난 토가 나올…. 우웩!

다 자라면 반 토막을 낸 후에 짜장에다 넣어야지.

차가운 흙 속에서 몇 개월을 버티다가 밖으로 나와 보니 햇빛이 가득하지?

산책? 명상? 댄스? 안아 줄까? 우유 빛깔! 이쁨 받아야 해!

차가운 흙 속에서 몇 개월을 버티다가 밖으로 나와 보니 내 어금니에 씹힐 운명!

채 썰까? 깍둑 썰까? B72!

넌 작은 천사 같아. 넌 너무 착한 양파.

목욕할 때 애니메이션을 볼 때도 함께 있자.

넌 지옥 같아. 난 네가 너무 미워!

다 자라면 믹서기에 갈아서 양파즙 냠냠 해야지!

과학 상식 퀴즈

Q 식물을 잘 키우려면 어떻게 해야 할까? 아래의 보기 중에 알맞은 내용을 찾아 그 번호를 써 봐. (　　　　)

①온도가 낮은 곳에 둬. ②햇빛을 잘 받게 해. ③물을 주지 마. ④나쁜 말을 들려줘.

↳ 정답은 144쪽에!

정답

39쪽 ③ 71쪽 ①-ⓒ, ②-ⓖ, ③-ⓛ

111쪽

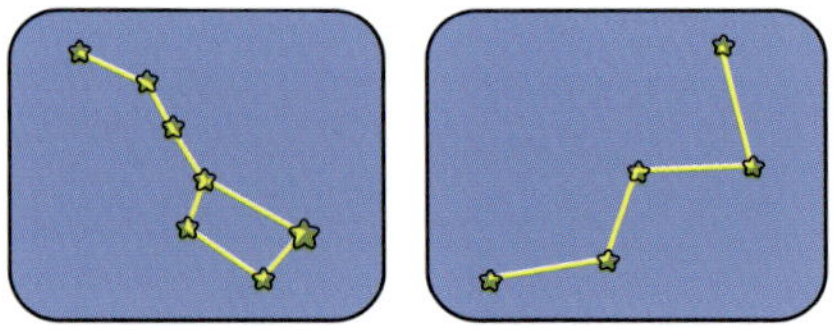

143쪽 ②

빨간내복야코
안 읽으면 완전 위험한 과학책
4 학교 평화가 위기

초판 1쇄 발행 2026년 1월 28일
초판 2쇄 발행 2026년 2월 4일

원작 빨간내복야코
글 박종은 **그림** 이영아
감수 홍승범, 샌드박스네트워크
펴낸이 최순영

교양 학습 팀장 김솔미
편집 오혜환, 이연지
디자인 양×호랭 DESIGN

펴낸곳 ㈜위즈덤하우스 **출판등록** 2000년 5월 23일 제13-1071호
주소 서울특별시 마포구 양화로 19 합정오피스빌딩 17층 **전화** 02) 2179-5600
홈페이지 www.wisdomhouse.co.kr **전자우편** kids@wisdomhouse.co.kr

ISBN 979-11-7591-021-8